最新法律文件解读丛书



# 行政与执行
# 法律文件解读

XINGZHENG YU ZHIXING FALÜ WENJIAN JIEDU

人民法院出版社 编

总第242辑 2025.02

人民法院出版社

**图书在版编目（CIP）数据**

行政与执行法律文件解读. 总第242辑 / 人民法院出版社编. -- 北京 : 人民法院出版社, 2025. 5. -- (最新法律文件解读丛书). -- ISBN 978-7-5109-4240-2

Ⅰ. D922.105

中国国家版本馆CIP数据核字第2025JS0547号

**行政与执行法律文件解读·总第242辑**

人民法院出版社　编

---

**责任编辑**　丁塞峨
**出版发行**　人民法院出版社
**地　　址**　北京市东城区东交民巷27号　邮编　100745
**电　　话**　(010)67550656(责任编辑)　67550558(发行部查询)
　　　　　　65223677(读者服务部)
**客服QQ**　2092078039
**网　　址**　http://www.courtbook.com.cn
**E - mail**　courtbook@sina.com
**印　　刷**　三河市国英印务有限公司
**经　　销**　新华书店
**开　　本**　787毫米×1092毫米　1/16
**字　　数**　115千字
**印　　张**　8
**版　　次**　2025年5月第1版　　2025年5月第1次印刷
**书　　号**　ISBN 978-7-5109-4240-2
**定　　价**　28.00元

# 卷首语

为了加强对古树名木的保护，推进生态文明建设，传承中华优秀传统文化，2025 年 1 月 3 日，国务院第 50 次常务会议通过了《古树名木保护条例》，并于 2025 年 1 月 25 日正式公布。为了便于读者准确理解和把握相关内容，本辑“行政法规、法规性文件与解读”栏目重点收录了该条例，以及司法部、自然资源部、住房和城乡建设部、国家林草局负责人就该条例答记者问。

为贯彻习近平总书记在全国生态环境保护大会上关于严格落实生态环境损害赔偿制度的重要讲话精神，落实党的二十届三中全会决定关于统筹推进生态环境损害赔偿的决策部署，推动生态环境损害赔偿制度改革工作深入开展，生态环境部会同中央相关部委、最高人民法院、最高人民检察院根据《生态环境损害赔偿制度改革方案》和《生态环境损害赔偿管理规定》，制定了《关于深入推进生态环境损害赔偿制度改革若干具体问题的意见》，并于 2025 年 1 月 13 日正式公布。本辑“司法解释、司法指导性文件与解读”栏目收录了该意见，以方便读者掌握该意见的主要内容，并进一步交流、学习。

为深入贯彻落实党的二十大和二十届二中、三中全会精神，不断完善公益诉讼制度，指导各级人民法院、人民检察院切实提升办理行政公益诉讼案件的精准性、规范性，推动行政公益诉讼工作高质量发展，最高人民法院、最高人民检察院共同选编了 7 件行政公益诉讼典型案例，本辑“指导案例、典型案例与解读”栏目收录了本次最高人民法院、最高人民检察院联合发布的《行政公益诉讼典型案例（第二批）》，为各级法院办理类案提供参考。

# 最新法律文件解读丛书
# 编　辑　部


兰丽专　（010）67550626

丁丽娜　（010）67550608

周　敏　（010）67550562

杨　洁　（010）67550562

路建华　（010）67550660

丁塞峨　（010）67550656

**投稿邮箱：**

《刑事法律文件解读》　xingshijiedu@ 163. com

《民事法律文件解读》　1216921515@ qq. com

《商事法律文件解读》　shangshijiedu@ 126. com

《行政与执行法律文件解读》　1290312696@ qq. com

# 目录

## 行政法规、法规性文件与解读



## 司法解释、司法指导性文件与解读



## 指导案例、典型案例与解读

## 行政审判讲堂答疑



## 新类型疑难案例选评

# 行政法规、法规性文件与解读

## 古树名木保护条例

（2025 年 1 月 3 日国务院第 50 次常务会议通过
2025 年 1 月 25 日中华人民共和国国务院令第 800 号公布
自 2025 年 3 月 15 日起施行）

**第一条** 为了加强对古树名木的保护，推进生态文明建设，传承中华优秀传统文化，制定本条例。

**第二条** 本条例所称古树，是指树龄 100 年以上的树木，不包括人工培育、以生产木材为主要目的的商品林中的树木。

本条例所称名木，是指具有重要历史、文化、科学、景观价值或者具有重要纪念意义的树木。

**第三条** 国家保护古树名木，禁止损害古树名木及其生长环境。

**第四条** 古树名木保护管理工作坚持中国共产党的领导，坚持保护第一、合理利用、分级管理的原则，构建政府主导、属地负责、社会参与的工作机制。

**第五条** 全国绿化委员会负责组织领导全国古树名木保护管理工作。国务院林业主管部门、住房城乡建设主管部门（以下统称国务院古树名木主管部门）按照职责分工负责全国古树名木保护管理工作。国务院其他有关部门在各自职责范围内负责古树名木保护管理相关工作。

县级以上地方人民政府应当加强对古树名木保护管理工作的组织领导。县级以上地方人民政府林业主管部门、城市绿化主管部门（以下统称县级以上地方人民政府古树名木主管部门）按照职责分工负责本行政区域内古树名木保护管理工作。县级以上地方人民政府其他有关部门在各自职责范围内负责古树名木保护管理相关工作。

乡镇人民政府、街道办事处以及村民委员会、居民委员会应当协助做好古树名木保护管理相关工作。

**第六条** 县级以上人民政府开展古树名木保护管理工作所需经费，应当按照财政事权和支出责任划分原则列入本级预算。

国家鼓励通过认捐、认养等多种形式资助古树名木保护事业。

**第七条** 国家鼓励、支持古树名木保护科学研究和先进技术推广应用，提高古树名木保护管理水平。

国务院有关部门、县级以上地方人民政府及其有关部门应当采取多种形式，组织开展古树名木保护宣传教育，传承古树名木文化，增强全社会的古树名木保护意识，营造保护古树名木的良好社会氛围。

**第八条** 对古树按照下列标准实行分级保护：

（一）树龄500年以上的，实行一级保护；

（二）树龄300年以上不满500年的，实行二级保护；

（三）树龄100年以上不满300年的，实行三级保护。

省、自治区、直辖市人民政府根据实际情况，可以决定对城市内树龄300年以上不满500年的古树实行一级保护、树龄100年以上不满300年的古树实行二级保护。

对名木均实行一级保护，不受树龄限制。

**第九条** 全国绿化委员会每10年组织开展一次全国古树名木资源普查。普查间隔期内，县级以上地方人民政府古树名木主管部门适时开展古树名木资源补充调查。在普查、补充调查以及古树名木认定等工作中，县级以上地方人民政府古树名木主管部门可以组织开展古树名木鉴定。

国家鼓励单位、个人提供古树名木资源信息。

**第十条** 县级以上地方人民政府古树名木主管部门根据古树名木资源普查、补充调查结果认定古树名木，报本级人民政府批准后依法公布。

实行一级保护的古树和名木由省、自治区、直辖市人民政府古树名木主管部门认定，实行二级保护、三级保护的古树分别由设区的市级、县级人民政府古树名木主管部门认定。

对在一定区域内集中生长形成的古树群体，可以实行整体保护，并按照涉及古树名木的最高保护等级，由相应的地方人民政府古树名木主管部门认定为古树群，报本级人民政府批准后依法公布。

古树名木的认定和公布实行动态管理。

古树名木认定和分级保护管理的具体办法由国务院古树名木主管部门规定。

**第十一条** 县级以上地方人民政府古树名木主管部门应当建立古树名木档案，并按照有关规范和要求，对古树名木设立保护标志，建设相应的保护设施，采取相应的保护措施。

县级人民政府应当按照国务院古树名木主管部门的规定，划定古树名木保护范围，并依法公布。

古树名木保护范围划定后，应当及时纳入国土空间规划实施监督信息系统。

因生态保护等公共利益需要，造成古树名木相关权利人合法权益受到损害的，县级以上地方人民政府应当依法给予补偿；涉及属于集体所有、私人所有的古树名木的，县级以上地方人民政府可以采取措施合理照顾有关单位、个人的利益。

**第十二条** 县级人民政府古树名木主管部门应当按照有利于加强古

树名木日常养护的原则，明确有关单位、个人作为古树名木的日常养护责任人，与日常养护责任人签订日常养护协议，根据古树名木权属情况、保护等级、养护状况、养护费用等，明确双方权利义务。

对在古树名木保护管理工作中作出突出贡献的单位、个人，按照国家有关规定给予表彰和奖励。

**第十三条** 县级人民政府古树名木主管部门应当加强对日常养护责任人的技术指导和培训，提高日常养护责任人的科学养护能力。日常养护责任人应当严格履行养护义务，对损害古树名木及其生长环境的行为应当予以制止。

日常养护责任人发现古树名木遭受损害或者出现生长异常等情形的，应当及时报告县级人民政府古树名木主管部门，县级人民政府古树名木主管部门应当及时组织现场调查，并对所涉古树名木采取救治、复壮等措施。

**第十四条** 禁止采伐古树名木。

因重大植物疫情防控、抢险救灾等特殊紧急情形，依法采取应急处置措施采伐古树名木的，县级人民政府有关部门应当及时通知县级人民政府古树名木主管部门。县级人民政府古树名木主管部门应当在应急处置工作结束后30日内将有关情况逐级报告至省、自治区、直辖市人民政府古树名木主管部门。涉及实行一级保护的古树和名木的，省、自治区、直辖市人民政府古树名木主管部门应当报告国务院古树名木主管部门。

**第十五条** 古树名木原则上实行原地保护，不得移植。有下列情形之一，确需移植古树名木的，建设单位应当提出移植申请并提交相应的移植和养护方案，按照涉及古树名木的最高保护等级，经认定该古树名木的县级以上地方人民政府古树名木主管部门审核并报本级人民政府批准：

（一）国家能源、交通、水利、军事设施等重点建设项目选址确实无法避让古树名木；

（二）省、自治区、直辖市能源、交通、水利等重点建设项目选址确实无法避让实行二级保护、三级保护的古树；

（三）其他基础设施建设项目选址确实无法避让实行三级保护的古树。

古树名木的生长状况可能危害公众生命安全，采取修剪、支撑等防护措施仍无法消除安全隐患的，由县级人民政府古树名木主管部门提出相应的移植和养护方案，按照管理权限报有关人民政府批准。

**第十六条** 移植古树名木应当就近实施。

古树名木移植，属于本条例第十五条第一款规定情形的，移植费用和移植后5年内的养护费用由建设单位承担；属于本条例第十五条第二款规定情形的，移植费用和移植后5年内的养护费用由有关县级人民政府承担。

**第十七条** 任何单位、个人不得实施下列损害古树名木及其生长环境的行为：

（一）买卖、运输、加工非法采伐、移植的古树名木；

（二）挖根、剥损树皮、过度修剪枝干；

（三）向古树名木灌注有毒有害物质；

（四）在古树名木保护范围内铺设非通透性硬化地面、使用明火、堆放重物、倾倒易燃易爆物品或者有毒有害物质；

（五）在古树名木上刻划、架设线缆、缠绕或者悬挂物体等，攀爬古树名木；

（六）破坏古树名木保护设施、保护标志；

（七）其他损害古树名木及其生长环境的行为。

**第十八条** 建设项目选址、建设，应当避开古树名木保护范围；因特殊情况不能避开，确需在古树名木保护范围内新建、扩建建筑物、构筑物或者铺设管线的，应当在施工前报告县级以上地方人民政府古树名木主管部门，并按照要求采取必要的工程措施，尽可能减轻对古树名木及其生长环境的损害。

古树名木保护范围内已有的建筑物、构筑物、管线等，不符合古树名木保护要求的，县级人民政府应当有计划地组织治理。

古树名木保护与文物保护相关时，由县级以上地方人民政府古树名木主管部门和文物主管部门共同制定保护措施。

**第十九条** 在不损害古树名木及其生长环境的前提下，可以开展下列活动：

（一）合理利用古树名木资源开展保护技术、遗传育种、生物学等科学研究，推广应用科研成果；

（二）结合历史文化名镇名村、历史文化街区、传统村落以及传统节庆、民俗，挖掘古树名木的历史和文化价值；

（三）开展科普宣教，促进古树名木资源与生态旅游融合发展；

（四）古树名木属于传统经济树种的，相关权利人依法开展必要的生产经营活动。

**第二十条** 古树名木死亡的，由认定该古树名木的县级以上地方人民政府古树名木主管部门组织确认、查明原因并提出处置意见报本级人民政府；具有原地保留价值的，予以保留，并根据实际情况采取必要的保护措施。

**第二十一条** 县级以上地方人民政府古树名木主管部门应当建立古树名木分级保护巡查制度，根据古树名木的保护等级、分布地域、长势情况等确定巡查周期，定期开展巡查。

对位于偏远地区和交通不便地区的古树名木，县级以上人民政府古树名木主管部门可以利用大数据、卫星遥感、无人机等技术手段开展动态监控。

国家鼓励单位、个人举报、制止损害古树名木及其生长环境的行为。

**第二十二条** 国务院古树名木主管部门应当建立古树名木保护管理信息平台。

县级以上地方人民政府古树名木主管部门应当及时将本行政区域内的古树名木数据信息归集至古树名木保护管理信息平台。

**第二十三条** 县级以上人民政府古树名木主管部门依照本条例规定，按照职责分工对古树名木保护管理等活动进行监督检查，有权采取下列措施：

（一）询问被检查单位、个人，要求其对与监督检查事项有关的情况作出说明；

（二）进行现场检查；

（三）查阅、复制有关文件、资料，对可能被转移、销毁、隐匿或者篡改的文件、资料予以封存；

（四）查封、扣押涉嫌违法活动的场所、设施或者财物。

县级以上人民政府古树名木主管部门依法进行监督检查，有关单位、个人应当予以配合，不得拒绝、阻碍。

**第二十四条** 对古树名木保护管理工作不力、问题突出的地区，国务院古树名木主管部门可以约谈有关地方人民政府及其有关部门主要负责人，要求其采取措施及时整改。

古树名木保护管理情况，应当纳入领导干部自然资源资产离任审计。

**第二十五条** 国务院古树名木主管部门、县级以上地方人民政府及其古树名木主管部门、其他有关部门的工作人员在古树名木保护管理工作中滥用职权、玩忽职守、徇私舞弊的，依法给予处分。

**第二十六条** 违反本条例规定，采伐、移植古树名木的，由县级以上地方人民政府古树名木主管部门责令停止违法行为、采取补救措施，没收违法所得，并依照下列规定处以罚款：

（一）涉及实行一级保护的古树和名木的，处每株 50 万元以上 100

万元以下的罚款；

（二）涉及实行二级保护的古树的，处每株 20 万元以上 50 万元以下的罚款；

（三）涉及实行三级保护的古树的，处每株 10 万元以上 20 万元以下的罚款。

违反本条例规定，损害古树名木及其生长环境，造成古树名木死亡的，依照前款规定处罚。

**第二十七条** 有本条例第十七条第一项、第二项、第三项、第四项规定行为之一的，由县级以上地方人民政府古树名木主管部门责令停止违法行为、采取补救措施，没收违法所得，并处 1 万元以上 10 万元以下的罚款；拒不停止违法行为、不采取补救措施或者造成严重后果的，并处 5 万元以上 20 万元以下的罚款。

有本条例第十七条第五项、第六项、第七项规定行为之一的，由县级以上地方人民政府古树名木主管部门责令停止违法行为、采取补救措施，没收违法所得，可以并处 1 万元以下的罚款；拒不停止违法行为、不采取补救措施或者造成严重后果的，并处 1 万元以上 10 万元以下的罚款。

**第二十八条** 违反本条例第十八条第一款规定的，由县级以上地方人民政府古树名木主管部门责令停止违法行为、限期恢复原状或者采取其他补救措施，没收违法所得；拒不停止违法行为、逾期不恢复原状、不采取其他补救措施或者造成严重后果的，依照下列规定处以罚款：

（一）涉及实行一级保护的古树和名木的，处每株 20 万元以上 50 万元以下的罚款；

（二）涉及实行二级保护的古树的，处每株 10 万元以上 20 万元以下的罚款；

（三）涉及实行三级保护的古树的，处每株 5 万元以上 10 万元以下的罚款。

**第二十九条** 违反本条例规定，给他人造成损失的，依法承担赔偿责任；构成违反治安管理行为的，依法给予治安管理处罚；构成犯罪的，依法追究刑事责任。

**第三十条** 本条例自2025年3月15日起施行。

# 司法部、自然资源部、住房和城乡建设部、国家林草局负责人就《古树名木保护条例》答记者问

2025年1月25日，国务院总理李强签署第800号国务院令，公布《古树名木保护条例》（以下简称《条例》），自2025年3月15日起施行。司法部、自然资源部、住房和城乡建设部、国家林草局负责人就《条例》有关问题回答了记者提问。

**问：请简要介绍一下《条例》出台的背景。**

**答：**古树名木是极其珍贵的自然历史遗产，具有重要的历史、文化、生态等价值，被誉为“绿色的国宝”“有生命的文物”。习近平总书记高度重视古树名木保护工作，多次作出重要指示批示，强调要把古树名木保护好，把中华优秀传统文化传承好，为做好古树名木保护工作提供了根本遵循。党的十八大以来，在习近平生态文明思想指引下，古树名木保护工作取得了长足进步。第二次全国古树名木资源普查结果显示，我国普查范围内的古树名木共计508.19万株，分布在城市的有24.66万株，分布在乡村的有483.53万株。

但是，当前古树名木保护工作仍存在一些亟待解决的问题，例如，违法采伐、移植、损害古树名木的行为时有发生，少数地方古树名木保护责任落实不到位，城乡之间、地区之间古树名木保护管理要求不统一

等，亟须在总结实践经验的基础上制定专门行政法规，建立完善古树名木保护管理制度，为古树名木保护提供坚实的法治保障。

**问：制定《条例》的总体思路是什么？**

**答：**《条例》坚持以习近平新时代中国特色社会主义思想为指导，全面贯彻落实习近平生态文明思想，在总体思路上主要把握了以下几点：一是坚持科学保护，突出原地保护，聚焦损害古树名木及其生长环境的典型问题，压实保护责任，形成工作合力。二是强化分级管理，针对不同树龄的古树名木，在全面保护的基础上规定更有针对性的保护措施，注重管养结合。三是统筹保护和发展之间的关系，在不破坏古树名木资源的前提下允许合理开展生态旅游、科学研究，实现保护与发展良性循环。四是注重文化传承，通过古树名木保护宣传教育，合理发挥古树名木的历史和文化价值，促进中华优秀传统文化传承。

**问：《条例》对政府及其有关部门在古树名木保护管理职责分工方面作了哪些规定？**

**答：**《条例》规定，一是全国绿化委员会负责组织领导全国古树名木保护管理工作。国务院林业主管部门、住房城乡建设主管部门按照职责分工负责全国古树名木的保护管理工作。国务院其他有关部门在各自职责范围内负责古树名木保护管理相关工作。二是县级以上地方人民政府应当加强对古树名木保护管理工作的组织领导。县级以上地方人民政府林业主管部门、城市绿化主管部门按照职责分工负责本行政区域内古树名木保护管理工作。县级以上地方人民政府其他有关部门在各自职责范围内负责古树名木保护管理相关工作。三是乡镇人民政府、街道办事处以及村民委员会、居民委员会应当协助做好古树名木保护管理相关工作。

**问：《条例》对古树名木分级分类和认定公布是怎样规定的？**

**答：**《条例》规定，古树是指树龄100年以上的树木，不包括人工培育、以生产木材为主要目的的商品林中的树木；名木是指具有重要历史、文化、科学、景观价值或者具有重要纪念意义的树木。《条例》对树龄500年以上、300年以上不满500年、100年以上不满300年的古树，分别实行一级、二级、三级保护；对名木均实行一级保护；考虑到部分城市实际，允许省级人民政府对城市古树实行提级保护；对在一定区域内集中生长形成的古树群实行整体保护。关于古树名木普查、认定和公布程序，《条例》规定，全国绿化委员会定期组织开展全国古树名木资源普查，县级以上地方人民政府古树名木主管部门适时开展古树名木资源补充调查；县级以上地方人民政府古树名木主管部门根据调查结果认定古树名木，报本级人民政府批准后依法公布。

**问：《条例》对古树名木日常养护管理是怎么规定的？**

**答：**《条例》规定，县级人民政府古树名木主管部门应当按照有利于加强古树名木日常养护的原则，明确有关单位、个人作为古树名木的日常养护责任人；与日常养护责任人签订日常养护协议，根据古树名木权属情况、保护等级、养护状况、养护费用等，明确双方权利义务。日常养护责任人应当严格履行养护义务，制止损害古树名木及其生长环境的行为，发现古树名木遭受损害或者生长异常的，应当及时报告，县级人民政府古树名木主管部门应当及时调查，并采取救治、复壮等措施。为调动日常养护责任人的积极性，《条例》规定，对在古树名木保护管理工作中作出突出贡献的单位、个人，按照国家有关规定给予表彰和奖励。

**问：《条例》对采伐和移植古树名木作了哪些规定？**

**答：**《条例》规定，除特殊紧急情形外，禁止采伐古树名木；依法采取应急处置措施采伐古树名木的，县级人民政府古树名木主管部门应当将有关情况逐级报告至省级人民政府古树名木主管部门；涉及采伐实行一级保护的古树和名木的，还应当报告国务院古树名木主管部门，接受事后监督。为规范古树名木移植，《条例》规定，古树名木原则上实行原地保护，不得移植；对于国家级、省级能源、交通、水利等重点建设项目以及其他基础设施建设项目选址确实无法避让古树名木，以及古树名木的生长状况可能危害公众生命安全且采取措施仍无法消除隐患，确需移植的，规定了严格的审批程序。对违反保护规定的行为人，《条例》规定了严格的法律责任。

**问：《条例》对传承古树名木文化是怎么规定的？**

**答：**古树名木具有深厚的历史文化内涵，保护古树名木是传承中华优秀传统文化的重要途径。为保障古树名木文化延绵不息，《条例》规定，国务院有关部门、县级以上地方人民政府及其有关部门应当采取多种形式，组织开展古树名木保护宣传教育，传承古树名木文化，增强全社会的古树名木保护意识。为统筹古树名木保护与经济社会发展，《条例》规定，结合历史文化名镇名村、历史文化街区、传统村落以及传统节庆、民俗，挖掘古树名木的历史和文化价值，促进古树名木资源与生态旅游融合发展。

**问：在强化保障和监督管理方面，《条例》作了哪些规定？**

**答：**古树名木保护需要长期稳定的资金支持，为强化古树名木保护投入保障，《条例》规定，县级以上人民政府应当将开展古树名木保护管理工作所需经费列入本级预算；国家鼓励通过认捐、认养等多种形式资助古树名木保护事业。为加强对古树名木保护的监督管理，将古树名木保护管理情况纳入领导干部自然资源资产离任审计，加强对古树名木保护管理工作的激励约束；对古树名木保护管理工作不力、问题突出的地区，可以约谈有关地方人民政府及其有关部门主要负责人，要求其采取措施及时整改。

**问：为确保《条例》顺利实施，需要做好哪些工作？**

**答：**下一步，司法部、自然资源部、住房和城乡建设部、国家林草局将会同有关部门抓好《条例》的贯彻实施。一是加强学习宣传。通过举办培训班、专家解读、组织开展科普宣传周等方式，加强对《条例》的宣传解读，帮助行业主管部门以及其他有关部门工作人员、日常养护责任主体以及社会公众等更好掌握《条例》内容，确保《条例》得到准确理解和严格执行。二是完善配套制度。及时制定古树名木认定和分级保护管理的具体办法，完善古树名木普查和鉴定、管护技术规范，指导地方结合本地实际制修订地方性法规、规章，形成协调统一的古树名木保护管理制度体系。三是强化监督检查。自然资源部、住房和城乡建设部、国家林草局将加强与公安部等部门协同联动，强化古树名木保护监督执法，加强行刑衔接，形成监管合力，严厉查处违法行为，切实把《条例》规定落到实处。

（来源：司法部网站）

## 司法解释、司法指导性文件与解读

最高人民法院

# 关于修改《最高人民法院关于认可和执行台湾地区法院民事判决的规定》的决定

法释〔2024〕14 号

（2024 年 10 月 29 日最高人民法院审判委员会第 1928 次会议通过
2024 年 12 月 17 日最高人民法院公布
自 2025 年 1 月 1 日起施行）

根据民事诉讼法修改和司法实践，现决定对《最高人民法院关于认可和执行台湾地区法院民事判决的规定》（法释〔2015〕13 号）作如下修改：

一、将引言修改为："为正确审理认可和执行台湾地区法院民事判决案件，依法保障海峡两岸民事主体的合法权益，根据民事诉讼法等相关法律规定，结合审判实践，制定本规定。"

二、将第一条修改为："台湾地区法院民事判决的当事人以及当事人的继承人、权利承受人可以根据本规定，作为申请人向人民法院申请认可和执行该判决，该判决中的对方当事人为被申请人。双方当事人都提出认可和执行申请的，均列为申请人。"

三、第三条增加一款，作为第二款："申请人仅提出认可台湾地区法院民事判决申请，人民法院对应否认可进行审查并作出裁定；台湾地区法院民事判决具有给付内容的，人民法院在受理认可申请及作出认可裁定时，应当向申请人释明其可以向人民法院申请执行。”

**四**、将第六条改为第五条，第二款修改为：“台湾地区当事人签名或者盖章的授权委托书应当履行相关公证或者查明手续，但授权委托书经人民法院法官线上视频或者线下见证签署，或者经中国大陆公证机关公证证明是在中国大陆签署的除外。”

增加一款，作为第三款：“持有台湾居民居住证的台湾地区当事人委托中国大陆执业律师或者其他人代理的，代理人向人民法院转交的授权委托书无需公证或者履行相关查明手续。”

**五**、将第七条第一款改为第六条第一款，修改为：“申请认可台湾地区法院民事判决，应当提交下列材料：

“（一）申请书，并按照被申请人人数提交副本；

“（二）判决正本或者经证明无误的副本；

“（三）判决确定证明书正本或者经证明无误的副本，依据台湾地区有关规定不需另行出具证明书的调解笔录等除外；

“（四）身份证明材料（申请人为自然人的，应当提交居民身份证、台湾居民居住证、台湾居民来往大陆通行证等身份证件复印件；申请人为法人或者非法人组织的，应当提交注册登记证书的复印件以及法定代表人或者主要负责人的身份证件复印件；申请人为当事人的继承人、权利承受人的，应当提交证明其继承人、权利承受人身份的证明材料）。”

增加一款，作为第二款：“身份证明材料在中国大陆以外形成的，申请人应当依据民事诉讼法及相关司法解释的规定履行证明手续。”

**六**、将第七条第二款改为第七条，修改为：“申请书应当载明下列事项：

“（一）申请人和被申请人的基本情况：申请人或者被申请人为自然人的，包括姓名、住所、身份证件信息、通讯方式等；申请人或者被申请人为法人或者非法人组织的，包括名称、住所及其法定代表人或者主要负责人的姓名、职务、住所、身份证件信息、通讯方式等；

“（二）作出判决的台湾地区法院名称、裁判文书案号、诉讼程序开始日期和判决日期；

“（三）请求事项和理由；

“（四）申请认可的判决的执行情况；

“（五）其他需要说明的情况。”

**七**、将第八条修改为：“对于符合本规定第四条至第七条规定条件的申请，人民法院应当在收到申请后七日内立案，并通知申请人和被申请人。对于不符合上述规定的申请，人民法院应当在七日内裁定不予受理，同时说明不予受理的理由。已经受理的，裁定驳回申请。申请人对裁定不服的，可以提起上诉。

“申请人提交的材料不符合要求的，人民法院应当一次性书面告知在指定期限内补正。在指定期限内补正的，人民法院决定是否立案的期间，自收到补正材料之日起计算。在指定期限内没有补正的，退回申请并记录在册；坚持提出申请的，裁定不予受理。经补正仍不符合要求的，裁定不予受理。

“人民法院裁定不予受理或者驳回申请后，申请人再次申请并符合受理条件的，人民法院应予受理。”

**八**、增加一条，作为第九条：“人民法院应当在立案之日起五日内将申请书副本送达被申请人。被申请人应当在收到申请书副本之日起十五日内提交意见；被申请人在中国大陆没有住所的，应当在收到申请书副本之日起三十日内提交意见。被申请人在上述期限内不提交意见的，不影响人民法院审查。被申请人申请延期的，是否准许，由人民法院决定。”

**九**、将第五条改为第十条。

**十**、将第九条改为第十一条，第一款修改为：“申请人申请认可台湾地区法院民事判决，应当提供相关证明文件，以证明该判决真实并且已经生效。台湾地区法院民事判决为缺席判决的，申请人应当同时提交台湾地区法院已经合法传唤当事人的证明文件，但判决已经对此予以明确说明的除外。”

**十一**、增加一条，作为第十二条：“申请人提供的台湾地区法院民事判决以及相关证明文件等证据，系通过海峡两岸公证书使用查证渠道转递的，人民法院应当确认其真实性，但有相反证据足以推翻的除外。”

**十二**、将第十条改为第十三条，修改为：“人民法院受理认可台湾地区法院民事判决的申请之前或者之后，可以依据民事诉讼法及相关司法解释的规定，根据申请人的申请，裁定采取保全措施。”

**十三**、将第十三条改为第十四条。

**十四**、将第十四条改为第十五条。

**十五**、将第十五条改为第十六条，修改为：“台湾地区法院民事判决具有下列情形之一的，裁定不予认可：

“（一）申请认可的民事判决，是在被申请人缺席且未经合法传唤，或者在被申请人无诉讼行为能力且未得到适当代理的情况下作出的；

“（二）案件系人民法院专属管辖的；

“（三）案件双方当事人订有有效仲裁协议，且无放弃仲裁管辖情形的；

“（四）判决是通过欺诈方式取得的；

“（五）人民法院已经就同一纠纷作出裁判，或者已经承认或认可其他国家或地区就同一纠纷作出的裁判的；

“（六）仲裁庭在中国大陆已经就同一纠纷作出仲裁裁决，或者人民法院已经承认或认可仲裁庭在其他国家或地区就同一纠纷作出的仲裁裁决的。

“认可该民事判决将违反一个中国原则等国家法律的基本原则或者损害国家主权、安全、社会公共利益的，人民法院应当裁定不予认可。”

**十六**、将第十六条改为第十七条，第一款修改为：“人民法院经审查能够确认台湾地区法院民事判决真实并且已经生效，而且不具有本规定第十六条所列情形的，裁定认可其效力。不能认可判决全部判项的，可以认可其中的部分判项。不能确认该民事判决的真实性或者已经生效的，裁定驳回申请人的申请。”

**十七**、将第十七条改为第十八条。

**十八**、将第十八条改为第十九条，修改为：“人民法院依据本规定第十六条、第十七条作出的裁定，一经送达即发生法律效力。

“申请人或者被申请人对裁定不服的，可以自裁定送达之日起十日内向上一级人民法院申请复议。”

**十九**、增加一条，作为第二十条：“申请人向人民法院申请认可台湾地区法院民事判决，该判决涉及的纠纷与人民法院正在审理的纠纷属于同一纠纷的，人民法院可以裁定中止诉讼。

“经审查，裁定不予认可台湾地区法院民事判决的，恢复已经中止的诉讼；裁定认可的，对已经中止的诉讼，裁定驳回起诉。”

**二十**、增加一条，作为第二十一条：“审查认可台湾地区法院民事判决申请期间，申请人或者被申请人就同一纠纷向人民法院起诉的，裁定不予受理；已经受理的，裁定中止诉讼。”

**二十一**、将第十九条改为第二十二条，修改为：“台湾地区法院民事判决已经被人民法院裁定全部或者部分认可，申请人或者被申请人对已经获得认可的部分又向人民法院起诉的，裁定不予受理；已经受理的，裁定驳回起诉。

“台湾地区法院民事判决已经被人民法院裁定不予认可或者部分不予认可的，申请人对不予认可部分再次申请认可的，裁定不予受理；已经受理的，裁定驳回申请。但申请人可以对不予认可部分向人民法院起诉。”

**二十二、**增加一条，作为第二十三条："台湾地区法院民事判决被人民法院裁定全部或者部分认可后，申请人对认可部分申请执行的，依据民事诉讼法关于执行程序的规定予以执行。"

**二十三、**将第二十条改为第二十四条。

**二十四、**将第二十一条改为第二十五条，修改为："人民法院在办理申请认可和执行台湾地区法院民事判决案件中作出的法律文书，应当依法送达申请人和被申请人。"

**二十五、**将第二十二条改为第二十六条。

**二十六、**将第二十三条改为第二十七条。

**二十七、**删除第十一条、第十二条。

**二十八、**条文中引用民事诉讼法相关条文序号根据修改后的民事诉讼法作相应调整。

本决定自2025年1月1日起施行。

根据本决定，《最高人民法院关于认可和执行台湾地区法院民事判决的规定》作相应修改后，重新公布。

## 最高人民法院
## 关于认可和执行台湾地区法院民事判决的规定

（2015年6月2日最高人民法院审判委员会第1653次会议通过
根据2024年10月29日最高人民法院审判委员会第1928次会议通过的
《最高人民法院关于修改〈最高人民法院关于认可和执行
台湾地区法院民事判决的规定〉的决定》修正
该修正自2025年1月1日起施行）

为正确审理认可和执行台湾地区法院民事判决案件，依法保障海峡两岸民事主体的合法权益，根据民事诉讼法等相关法律规定，结合审判实践，制定本规定。

**第一条** 台湾地区法院民事判决的当事人以及当事人的继承人、权利承受人可以根据本规定，作为申请人向人民法院申请认可和执行该判决，该判决中的对方当事人为被申请人。双方当事人都提出认可和执行申请的，均列为申请人。

**第二条** 本规定所称台湾地区法院民事判决，包括台湾地区法院作出的生效民事判决、裁定、和解笔录、调解笔录、支付命令等。

申请认可台湾地区法院在刑事案件中作出的有关民事损害赔偿的生效判决、裁定、和解笔录的，适用本规定。

申请认可由台湾地区乡镇市调解委员会等出具并经台湾地区法院核定，与台湾地区法院生效民事判决具有同等效力的调解文书的，参照适用本规定。

**第三条** 申请人同时提出认可和执行台湾地区法院民事判决申请的，人民法院先按照认可程序进行审查，裁定认可后，由人民法院执行机构执行。

申请人仅提出认可台湾地区法院民事判决申请，人民法院对应否认可进行审查并作出裁定；台湾地区法院民事判决具有给付内容的，人民法院在受理认可申请及作出认可裁定时，应当向申请人释明其可以向人民法院申请执行。

申请人直接申请执行的，人民法院应当告知其一并提交认可申请；坚持不申请认可的，裁定驳回其申请。

**第四条** 申请认可台湾地区法院民事判决的案件，由申请人住所地、经常居住地或者被申请人住所地、经常居住地、财产所在地中级人民法院或者专门人民法院受理。

申请人向两个以上有管辖权的人民法院申请认可的，由最先立案的人民法院管辖。

申请人向被申请人财产所在地人民法院申请认可的，应当提供财产存在的相关证据。

**第五条** 申请人委托他人代理申请认可台湾地区法院民事判决的，应当向人民法院提交由委托人签名或者盖章的授权委托书。

台湾地区当事人签名或者盖章的授权委托书应当履行相关公证或者查明手续，但授权委托书经人民法院法官线上视频或者线下见证签署，或者经中国大陆公证机关公证证明是在中国大陆签署的除外。

持有台湾居民居住证的台湾地区当事人委托中国大陆执业律师或者其他人代理的，代理人向人民法院转交的授权委托书无需公证或者履行相关查明手续。

**第六条** 申请认可台湾地区法院民事判决，应当提交下列材料：

（一）申请书，并按照被申请人人数提交副本；

（二）判决正本或者经证明无误的副本；

（三）判决确定证明书正本或者经证明无误的副本，依据台湾地区有关规定不需另行出具证明书的调解笔录等除外；

（四）身份证明材料（申请人为自然人的，应当提交居民身份证、台湾居民居住证、台湾居民来往大陆通行证等身份证件复印件；申请人为法人或者非法人组织的，应当提交注册登记证书的复印件以及法定代表人或者主要负责人的身份证件复印件；申请人为当事人的继承人、权利承受人的，应当提交证明其继承人、权利承受人身份的证明材料）。

身份证明材料在中国大陆以外形成的，申请人应当依据民事诉讼法及相关司法解释的规定履行证明手续。

**第七条** 申请书应当载明下列事项：

（一）申请人和被申请人的基本情况：申请人或者被申请人为自然人的，包括姓名、住所、身份证件信息、通讯方式等；申请人或者被申请人为法人或者非法人组织的，包括名称、住所及其法定代表人或者主要负责人的姓名、职务、住所、身份证件信息、通讯方式等；

（二）作出判决的台湾地区法院名称、裁判文书案号、诉讼程序开始日期和判决日期；

（三）请求事项和理由；

（四）申请认可的判决的执行情况；

（五）其他需要说明的情况。

**第八条** 对于符合本规定第四条至第七条规定条件的申请，人民法院应当在收到申请后七日内立案，并通知申请人和被申请人。对于不符合上述规定的申请，人民法院应当在七日内裁定不予受理，同时说明不予受理的理由。已经受理的，裁定驳回申请。申请人对裁定不服的，可以提起上诉。

申请人提交的材料不符合要求的，人民法院应当一次性书面告知在指定期限内补正。在指定期限内补正的，人民法院决定是否立案的期间，自收到补正材料之日起计算。在指定期限内没有补正的，退回申请并记录在册；坚持提出申请的，裁定不予受理。经补正仍不符合要求的，裁定不予受理。

人民法院裁定不予受理或者驳回申请后，申请人再次申请并符合受理条件的，人民法院应予受理。

**第九条** 人民法院应当在立案之日起五日内将申请书副本送达被申请人。被申请人应当在收到申请书副本之日起十五日内提交意见；被申请人在中国大陆没有住所的，应当在收到申请书副本之日起三十日内提交意见。被申请人在上述期限内不提交意见的，不影响人民法院审查。被申请人申请延期的，是否准许，由人民法院决定。

**第十条** 对申请认可台湾地区法院民事判决的案件，人民法院应当组成合议庭进行审查。

**第十一条** 申请人申请认可台湾地区法院民事判决，应当提供相关证明文件，以证明该判决真实并且已经生效。台湾地区法院民事判决为缺席判决的，申请人应当同时提交台湾地区法院已经合法传唤当事人的证明文件，但判决已经对此予以明确说明的除外。

申请人可以申请人民法院通过海峡两岸调查取证司法互助途径查明

台湾地区法院民事判决的真实性和是否生效以及当事人得到合法传唤的证明文件；人民法院认为必要时，也可以就有关事项依职权通过海峡两岸司法互助途径向台湾地区请求调查取证。

**第十二条** 申请人提供的台湾地区法院民事判决以及相关证明文件等证据，系通过海峡两岸公证书使用查证渠道转递的，人民法院应当确认其真实性，但有相反证据足以推翻的除外。

**第十三条** 人民法院受理认可台湾地区法院民事判决的申请之前或者之后，可以依据民事诉讼法及相关司法解释的规定，根据申请人的申请，裁定采取保全措施。

**第十四条** 人民法院受理认可台湾地区法院民事判决的申请后，作出裁定前，申请人请求撤回申请的，可以裁定准许。

**第十五条** 人民法院受理认可台湾地区法院民事判决的申请后，应当在立案之日起六个月内审结。有特殊情况需要延长的，报请上一级人民法院批准。

通过海峡两岸司法互助途径送达文书和调查取证的期间，不计入审查期限。

**第十六条** 台湾地区法院民事判决具有下列情形之一的，裁定不予认可：

（一）申请认可的民事判决，是在被申请人缺席且未经合法传唤，或者在被申请人无诉讼行为能力且未得到适当代理的情况下作出的；

（二）案件系人民法院专属管辖的；

（三）案件双方当事人订有有效仲裁协议，且无放弃仲裁管辖情形的；

（四）判决是通过欺诈方式取得的；

（五）人民法院已经就同一纠纷作出裁判，或者已经承认或认可其他国家或地区就同一纠纷作出的裁判的；

（六）仲裁庭在中国大陆已经就同一纠纷作出仲裁裁决，或者人民法院已经承认或认可仲裁庭在其他国家或地区就同一纠纷作出的仲裁裁决的。

认可该民事判决将违反一个中国原则等国家法律的基本原则或者损害国家主权、安全、社会公共利益的，人民法院应当裁定不予认可。

**第十七条** 人民法院经审查能够确认台湾地区法院民事判决真实并且已经生效，而且不具有本规定第十六条所列情形的，裁定认可其效力。不能认可判决全部判项的，可以认可其中的部分判项。不能确认该民事判决的真实性或者已经生效的，裁定驳回申请人的申请。

裁定驳回申请的案件，申请人再次申请并符合受理条件的，人民法院应予受理。

**第十八条** 经人民法院裁定认可的台湾地区法院民事判决，与人民法院作出的生效判决具有同等效力。

**第十九条** 人民法院依据本规定第十六条、第十七条作出的裁定，一经送达即发生法律效力。

申请人或者被申请人对裁定不服的，可以自裁定送达之日起十日内向上一级人民法院申请复议。

**第二十条** 申请人向人民法院申请认可台湾地区法院民事判决，该判决涉及的纠纷与人民法院正在审理的纠纷属于同一纠纷的，人民法院可以裁定中止诉讼。

经审查，裁定不予认可台湾地区法院民事判决的，恢复已经中止的诉讼；裁定认可的，对已经中止的诉讼，裁定驳回起诉。

**第二十一条** 审查认可台湾地区法院民事判决申请期间，申请人或者被申请人就同一纠纷向人民法院起诉的，裁定不予受理；已经受理的，裁定中止诉讼。

**第二十二条** 台湾地区法院民事判决已经被人民法院裁定全部或者部分认可，申请人或者被申请人对已经获得认可的部分又向人民法院起诉的，裁定不予受理；已经受理的，裁定驳回起诉。

台湾地区法院民事判决已经被人民法院裁定不予认可或者部分不予认可的，申请人对不予认可部分再次申请认可的，裁定不予受理；已经受理的，裁定驳回申请。但申请人可以对不予认可部分向人民法院起诉。

**第二十三条** 台湾地区法院民事判决被人民法院裁定全部或者部分认可后，申请人对认可部分申请执行的，依据民事诉讼法关于执行程序的规定予以执行。

**第二十四条** 申请人申请认可和执行台湾地区法院民事判决的期间，适用民事诉讼法第二百五十条的规定，但申请认可台湾地区法院有关身份关系的判决除外。

申请人仅申请认可而未同时申请执行的，申请执行的期间自人民法院对认可申请作出的裁定生效之日起重新计算。

**第二十五条** 人民法院在办理申请认可和执行台湾地区法院民事判决案件中作出的法律文书，应当依法送达申请人和被申请人。

**第二十六条** 申请认可和执行台湾地区法院民事判决，应当参照《诉讼费用交纳办法》的规定，交纳相关费用。

**第二十七条** 本规定自2015年7月1日起施行。《最高人民法院关于人民法院认可台湾地区有关法院民事判决的规定》（法释〔1998〕11号）、《最高人民法院关于当事人持台湾地区有关法院民事调解书或者有关机构出具或确认的调解协议书向人民法院申请认可人民法院应否受理的批复》（法释〔1999〕10号）、《最高人民法院关于当事人持台湾地区有关法院支付命令向人民法院申请认可人民法院应否受理的批复》（法释〔2001〕13号）和《最高人民法院关于人民法院认可台湾地区有关法院民事判决的补充规定》（法释〔2009〕4号）同时废止。

生态环境部　司法部　财政部　自然资源部
住房和城乡建设部　水利部　农业农村部
国家市场监督管理总局　国家林草局　国家疾病预防控制局
最高人民法院　最高人民检察院

# 关于深入推进生态环境损害赔偿制度改革若干具体问题的意见

2025年1月13日　　　　环法规〔2025〕6号

**各省、自治区、直辖市生态环境厅（局）、司法厅（局）、财政厅（局）、自然资源厅（局）、住房城乡建设厅（委）、水利厅（水务局）、农业农村（农牧）、畜牧兽医、渔业厅（局、委）、市场监督管理局、林业和草原局、疾病预防控制局、高级人民法院、人民检察院，新疆生产建设兵团生态环境局、司法局、财政局、自然资源局、住房城乡建设局、水利局、农业农村局、市场监督管理局、林业和草原局、疾病预防控制局、人民法院、人民检察院：**

为贯彻习近平总书记在全国生态环境保护大会上关于严格落实生态环境损害赔偿制度的重要讲话精神，落实党的二十届三中全会决定关于统筹推进生态环境损害赔偿的决策部署，推动生态环境损害赔偿制度改革工作深入开展，根据《生态环境损害赔偿制度改革方案》（以下简称

《改革方案》）和《生态环境损害赔偿管理规定》（以下简称《管理规定》），提出以下意见。

## 一、关于负责具体工作的部门或机构

国务院授权的省级、市地级政府（包括直辖市所辖的区县级政府）作为本行政区域内生态环境损害赔偿权利人，可以根据有关职责分工，指定有关部门或机构负责生态环境损害赔偿的具体工作。

生态环境损害赔偿案件涉及多个部门或机构的，可以指定由生态环境损害赔偿制度改革工作牵头部门（以下简称牵头部门）负责具体工作。

## 二、关于案件线索筛查

赔偿权利人及其指定的部门或机构应当按照《管理规定》要求，组织筛查案件线索；鼓励结合本地区工作实际，围绕美丽中国建设重点工作，加密线索筛查频次、加大线索筛查力度。通过行政执法、诉讼等其他途径，已经实现生态环境损害修复的案件，不纳入线索筛查范围。

各省级、市地级生态环境部门应当发挥牵头指导作用，统筹推进本区域线索筛查整体工作，定期汇总分析线索筛查情况和有关工作进展，并做好信息共享。

## 三、关于索赔启动

对未及时启动索赔的，赔偿权利人应当要求具体开展索赔工作的部门或机构及时启动索赔。

通过行政执法、诉讼以及其他途径，或者赔偿义务人采用生态修复、恢复原状、认购碳汇等履责方式，已经实现生态环境损害修复的，视为赔偿责任已经履行，可以不启动索赔。对人民检察院移送的线索决定不启动的，应当向移送线索的人民检察院及时反馈。

## 四、关于显著轻微案件的判定

显著轻微案件，是指《管理规定》第十八条第一款第三项规定的“环境污染或者生态破坏行为造成的生态环境损害显著轻微且不需要赔偿的”案件。

其中“显著轻微”情形指的是损害数额极小或者生态环境损害行为并未造成明显影响。

### （一）案件损害数额极小的判定

由省级赔偿权利人及其指定的部门或机构根据本地区本领域的实际情况作出规定。

### （二）未造成明显影响的判定

1. 对水、大气、土壤污染案件，从排放的污染物性质、污染物超标倍数、pH 值、污染排放持续时间、污染范围、赔偿义务人是否完成整改或者清除污染等方面进行综合评判；

2. 对固体废物案件，从固体废物堆放面积、堆放时长、堆放数量，堆放区域，是否造成渗漏、扩散等方面进行综合评判；

3. 对野生动植物资源破坏案件，从是否在国家、地方重点保护范围，是否在《国家保护的有益的或者有重要经济、科学研究价值的陆生野生动物名录》内，是否对生物资源和多样性造成损害等方面进行综合评判；

4. 符合本地区或者本领域行政处罚裁量基准规定的不予行政处罚情形的；

5. 省级赔偿权利人及其指定的部门或机构认为未造成明显影响的其他情形。

对显著轻微案件，可以不启动索赔，但具备以下情形的除外：

（一）损害区域为生态保护红线、自然保护地内的案件；

（二）赔偿义务人曾因违法行为造成生态环境损害，2 年内再次发生的；

（三）省级赔偿权利人及其指定的部门或机构认为应当启动索赔的其他情形。

## 五、关于生态环境损害调查

调查期限设定应当合理。应当充分使用各项技术手段，运用物量平衡等分析方法，全面调查违法行为发生频次、持续时间、影响范围、造成的实际损害。

负有相关环境资源保护监督管理职责的部门或者其委托的机构在行政执法过程中形成的勘验笔录或询问笔录、调查报告、行政处理决定、检测或监测报告、鉴定意见或鉴定评估报告、生效法律文书等资料可以作为索赔的证明材料。

案件涉及多个部门或机构的，可以由牵头部门组建联合调查组，开展生态环境损害调查。

## 六、关于鉴定评估

开展生态环境损害鉴定评估的时间不计入办案期限。

国家建立健全统一的生态环境损害鉴定评估技术标准体系。生态环境部加快研究制定实践亟需的相关技术标准，商国务院有关主管部门后，与市场监管总局联合发布。国务院相关主管部门可以根据职责或者工作需要，制定有关专项技术规范。鼓励各地根据职责或者工作需要，制定相关专项工作指南、生态环境损害修复效果评估方法。

鉴定评估报告应当明确生态环境损害是否可以修复；对于部分可以修复的，应当明确可以修复的区域范围和要求。

鉴定评估机构和专家按照技术标准要求开展鉴定评估工作，并对出具的鉴定意见、鉴定评估报告或者专家意见负责。

## 七、关于赔偿磋商

根据生态环境损害鉴定意见、鉴定评估报告或者专家意见，按照“谁损害、谁承担修复责任”的原则，进行磋商。

### （一）磋商形式及期限

一般采用召开磋商会议的形式与赔偿义务人开展磋商，鼓励邀请第三方参与。

磋商期限原则上不超过 90 日，自向赔偿义务人送达磋商书面通知之日起算。磋商会议原则上不超过 3 次。案情重大复杂的，经赔偿权利人指定的部门或机构负责人同意，可以适当增加会议次数。

### （二）赔偿协议

磋商达成一致的，签署赔偿协议。赔偿协议应当包含协议双方基本信息，生态环境损害事实、相关证据和法律依据，协议双方对鉴定评估结论、修复目标、修复方案等的意见，履行赔偿责任的承担方式及期限，修复效果评估的方式及期限，违约责任的承担和其他有必要明确的内容等。

### （三）磋商不成

有以下情形的，可以视为磋商不成：

1. 赔偿义务人明确表示拒绝磋商或者未在磋商书面通知规定时间内提交答复意见的；

2. 赔偿义务人无故不参与磋商会议或者退出磋商会议的；

3. 已召开磋商会议 3 次，赔偿权利人及其指定的部门或机构认为磋商难以达成一致的；

4. 采用民事诉讼法规定的除公告送达以外的方式，均无法向赔偿义务人送达磋商告知书的；

5. 赔偿义务人因处于被羁押等状态，无法开展磋商的；

6. 超过磋商期限，仍未达成赔偿协议的；

7. 赔偿权利人及其指定的部门或机构认为磋商不成的其他情形。

符合磋商不成的，应当及时提起诉讼，避免久磋不决。

### （四）鼓励履责

对积极参与磋商，并及时履行赔偿协议、开展修复的赔偿义务人，可以将其履责情况提供给相关行政机关，供其在作出行政处罚裁量时予以考虑，或者提交司法机关，供其在审查办理案件时参考。

## 八、关于司法确认

经磋商达成赔偿协议的，赔偿权利人及其指定的部门或机构与赔偿义务人可以向具有管辖权的人民法院申请司法确认。

经人民法院审查未予司法确认的，应当根据裁判文书核实有关情况后重新磋商一次。重新磋商不成的，应当及时提起诉讼。

对于不履行或者不完全履行义务的赔偿义务人，由人民法院依法将其列入失信被执行人名单。

## 九、关于简单案件的办理

简单案件，是指《管理规定》第二十条第二款规定的“损害事实简单、责任认定无争议、损害较小的案件”。“损害事实简单”，主要从生态环境违法事实清楚，因果关系明确进行判断。“责任认定无争议”，主要是指赔偿权利人与赔偿义务人之间、赔偿义务人相互之间，对责任认定、责任划分无争议。“损害较小”，主要是指造成的生态环境不利影响较小，生态环境损害数额不超过 30 万元（不包括生态环境损害调查、鉴定评估等费用）。相关省级赔偿权利人及其指定的部门或机构，可以根据本地经济社会发展情况，对适用简易评估程序案件的损害数额适当调整，原则上不超过 50 万元。

简单案件的生态环境损害，可以采用专家评估，或者由相关行政机关通过与案件相关的法律文书、监测报告等资料，综合作出认定。可以通过类案参考、典型案例评析等方式统一综合认定尺度。

参与简单案件鉴定评估的专家，可以从市地级及以上政府及其部门、人民法院、人民检察院成立的相关领域专家库或者专家委员会中选取，一般不少于 3 人。专家应当具有相关专业知识和生态环境损害鉴定评估相关工作能力，应当依据国家和本地区相关鉴定评估标准开展工作，出具专家意见。

各地应当规范选取专家、开展评估、出具专家意见等程序，加强对专家库和专家委员会管理。

## 十、关于重大案件的范围

存在以下情形之一的，属于《管理规定》第三十二条第一款、第三十三条第三款规定的“重大案件”：

（一）中央生态环境保护督察发现的重要生态环境问题涉及的生态环境损害赔偿案件；

（二）较大及以上突发环境事件涉及的生态环境损害赔偿案件；

（三）重大及以上生态破坏事件；

（四）各省级赔偿权利人结合本地实际明确的重大案件情形；

（五）其他在全国或者本行政区域有重大影响的生态环境损害赔偿案件。

## 十一、关于与行政执法的衔接

各地应当建立健全生态环境损害赔偿与行政执法衔接机制，主要包括生态环境损害赔偿与行政执法常态化联络、信息共享、案件线索移交、调查联动等内容，特别是生态环境损害赔偿的线索筛查、调查、赔偿责任履行情况与行政执法立案、执法调查、案件法制审核、作出执法决定等具体工作环节的衔接。

在执法过程中，应当向违法行为人说明生态环境损害赔偿的相关规定，鼓励、引导其主动进行生态环境损害修复和赔偿。

## 十二、关于与环境公益诉讼的衔接

在启动生态环境损害赔偿调查后，可以同时告知有管辖权的人民法院和人民检察院。

人民检察院可以对生态环境损害赔偿磋商和诉讼提供法律支持。生态环境、自然资源、住房城乡建设、农业农村（渔业渔政）、水利、林业和草原等部门可以对人民检察院提起的环境民事公益诉讼案件提供证据材料和技术方面的支持。

在开展生态环境损害赔偿磋商时，可以邀请人民检察院参与；在提起诉讼时，可以提请人民检察院依法支持起诉；在修复时，可以邀请人民检察院参与监督；在申请强制执行时，可以将有关情况通报人民检察院。

人民法院受理环境民事公益诉讼案件后，应当在10日内告知对被告行为负有环境资源监督管理职责的部门，有关部门接到告知后，应当及时与人民法院沟通对接相关工作。

## 十三、关于生态环境损害修复

对生态环境损害可以修复的案件，应当体现环境资源生态功能价值，促使赔偿义务人对受损的生态环境进行修复。磋商一致的，赔偿义务人可以自行修复或者委托具备修复能力的社会第三方机构修复受损生态环境，赔偿权利人指定的部门或机构做好监督等工作；磋商不成的，赔偿权利人及其指定的部门或机构应当及时提起诉讼，要求赔偿义务人承担修复责任。

对生态环境损害无法修复或者无法完全修复的案件，鼓励在符合有关生态环境修复法规政策和规划的前提下，开展替代修复，实现生态环境及其服务功能等量恢复；根据本地区生态环境和资源保护实际情况，在涉渔业等方面不宜由赔偿义务人开展替代修复的，由赔偿权利人及其指定的部门或机构按要求组织开展替代修复。鼓励构建替代修复项目库，将本地区适宜开展替代修复的项目纳入其中。在选择替代修复项目时，优先考虑让人民群众对生态环境改善有切实获得感的项目。对赔偿义务人缴纳赔偿金的，可以由赔偿权利人及其指定的部门或机构根据国家和本地区国土空间规划、生态修复规划等相关规定，统筹组织在损害结果发生地开展替代修复。

鼓励因地制宜建设生态环境损害赔偿修复基地，探索政策协同机制，提高生态环境损害修复综合效应。

赔偿协议签订前，赔偿义务人主动要求开展生态环境损害修复的，在双方当事人书面确认损害事实后，赔偿权利人及其指定的部门或机构可以同意，并做好过程监管。签订协议时，应当将修复要求作为必备内容纳入协议。

## 十四、关于修复效果评估

生态环境损害修复效果评估相关内容应在生态环境损害赔偿协议中予以规定。

赔偿权利人及其指定的部门或机构在收到赔偿义务人、第三方机构关于生态环境损害修复（包括替代性修复）完成的通报后，组织对受损生态环境修复效果进行评估。

符合以下情形之一的，可以不组织开展修复效果评估：

（一）相关监测报告、验收报告、调查报告等已形成的报告，包括了修复情况的内容，且可以满足修复效果评估需要的；

（二）以劳务代偿方式承担生态环境损害责任的；

（三）其他可以不组织开展修复效果评估的情形。

修复效果未达到修复方案确定的修复目标的，赔偿义务人应当根据赔偿协议或者法院判决要求继续开展修复。

## 十五、关于资金管理

对生态环境损害无法修复的案件，赔偿义务人不开展替代修复的，其赔偿资金作为政府非税收入纳入一般公共预算管理，缴入同级国库。赔偿资金的管理，按照财政部门相关规定执行。

## 十六、关于落实改革责任

按照《改革方案》《管理规定》要求，各省级、市地级党委和政府对本地区的生态环境损害赔偿工作负总责，应当加强组织领导，狠抓责任落实，推进生态环境损害赔偿工作稳妥、有序进行。

各地应当按照本地区实施方案要求，密切配合，形成合力，扎实推进，不折不扣落实各项任务和措施，保障改革落地见效。

## 十七、关于加强培训宣传和信息报送

各地应当及时报送生态环境损害赔偿工作信息和重大案件信息。要加强对报送信息的审核，确保信息报送及时、准确、真实。

各地应当加强生态环境损害赔偿工作相关业务能力培训，强化工作经验、办案技巧的交流学习。对于在工作中表现突出的事迹、形成的经验做法和典型案例，应当运用各种形式和途径积极宣传，并及时向相关上级行政主管部门报送。

## 十八、关于施行日期

本意见自发布之日起施行。《关于推进生态环境损害赔偿制度改革若干具体问题的意见》（环法规〔2020〕44 号）同时废止。

## 指导案例、典型案例与解读

# 最高人民检察院发布以“三农”为主题的公益诉讼典型案例

（2025年3月27日）

2025年3月27日，最高人民检察院发布了一批检察公益诉讼服务乡村振兴典型案例。本次案例的发布旨在深入贯彻习近平法治思想和习近平生态文明思想，认真落实中央一号文件精神和全国两会精神，总结2024年检察公益诉讼服务乡村振兴工作取得的成效，为全国检察机关公益诉讼部门办理此类案件提供指引。

据介绍，本次发布的案例涉及面较广，包括耕地保护、农村农业文化遗产传承、农村人居环境改善、农村安全生产、农村特殊人群权益保护等多个方面，具有较强的代表性，展现了检察公益诉讼工作在服务乡村振兴各个方面所发挥的积极作用。

这批案例中，有3件涉及耕地保护，检察机关通过办案，督促行政主管部门依法履职，包括助力推进耕地“非农化”“非粮化”整治、提升耕地质量确保粮食产量、收回被挪用的高标准农田建设资金等多个方面。在持续推进农村人居环境提升上，检察机关通过办案促进农村厕改落实落地，在履职过程中兼顾脱贫人口收入提升，巩固脱贫攻坚成果。此外，检察机关高度关注乡村文化遗产保护，通过履职推动保护传统村落，加强乡土文化能人扶持，促进乡村文化遗产保护传承。

农村地区留守老人多、防骗意识较弱，极易成为违法犯罪分子侵害的目标。记者注意到，本次发布的典型案例中有一起农村特殊群体权益保护的案例。重庆市检察院第五分院运用大数据法律监督模型锁定高危账户，通过办案督促保护农村老年人个人信息，推动相关部门优化行政服务，切实保障农村老年群体合法权益。

最高人民检察院公益诉讼检察厅负责人表示，将持续推动高质效办好每一个公益诉讼案件落实落地，提高检察公益诉讼服务乡村振兴工作的质量，进一步加强与有关行政主管部门的协作配合，形成共治合力，为推动“乡村全面振兴”贡献力量。

## 检察公益诉讼服务乡村振兴典型案例

## 目　　录

8. 陕西省柞水县人民检察院督促整治农村公厕管理问题行政公益诉讼案

9. 山东省青岛市崂山区人民检察院督促整治农家宴用电安全隐患行政公益诉讼案

10. 重庆市人民检察院第五分院诉毛某等人侵害农村老年人个人信息权益民事公益诉讼案

## 1. 江西省人民检察院督促农用薄膜污染治理行政公益诉讼案

**【关键词】**

行政公益诉讼磋商　农用薄膜污染　一体履职　综合治理

**【要旨】**

针对具有普遍性、系统性的农用薄膜“白色污染”治理问题，省级检察院直接立案，通过磋商促进行政机关依法履职，及时有效保护公益；同时发挥省级检察院统筹协调优势，协同建立省级层面协作机制，推动形成多层级监督合力，实现农用薄膜污染突出问题综合治理。

**【基本案情】**

江西省是农业大省、重要的粮食主产区、覆膜大省，根据国家统计，2023年江西农用薄膜使用量为4.26万吨。同时，残膜、农用废弃物随意弃置于田边地头、路旁沟渠现象较为普遍，特别是农作物换茬季节，农用薄膜随意丢弃、处置的现象突出，严重污染土壤环境，破坏耕地资源，导致土壤肥力下降、农作物减产。

## 【调查和督促履职】

2024年1月，江西省人民检察院（以下简称江西省院）组织全面总结2023年开展农用薄膜“白色污染”整治公益诉讼监督活动的情况，经对449件案件逐案分析，发现全省范围内废弃农用薄膜残留土壤污染耕地问题普遍存在，行政监管部门存在对农用薄膜使用处置、回收利用监管不到位的情况，虽然专项监督活动对农用薄膜“白色污染”问题起到了遏制作用，但是该问题易反复、回收利用体系不健全等系统性问题仍然存在，威胁生态环境与粮食安全。2024年2月19日，江西省院依法立案调查。

根据土壤污染防治法、《农用薄膜管理办法》等相关规定，江西省农业农村厅（以下简称省农业厅）作为负有农业薄膜使用、回收监督管理职责的行政机关，应依法全面履行监督管理职责，推动废弃农用薄膜回收、处理和再利用。江西省院多次走访省农业厅了解全省农用薄膜使用、回收以及监管情况并开展磋商，督促省农业厅全面履行农用薄膜使用、回收等监督管理职责；加大对农用薄膜违法行为的查办和处罚力度，对农用薄膜采取无害化处置，建立健全农用薄膜回收处理体系和督促指导机制。经磋商，省农业厅表示将依法加大监管力度并建立健全农用薄膜治理的制度机制。

此后，省农业厅组织开展了农用薄膜回收处置现状调研，形成了全省农用薄膜相关问题调研报告并采取一系列措施推动问题解决。如将农用薄膜使用回收数据填报纳入“云上赣农”平台建设，开启农用薄膜工作数字化监管；先后与省住房和城乡建设厅、省生态环境厅、省市场监督管理局等部门加强协同监管，召开农用薄膜回收处置协调座谈会；在全省范围内开展农用薄膜和农业投入品包装废弃物专项执法行动，查处涉农用薄膜案件19起；落实2024年中央财政农用薄膜相关资金1800万元，省财政资金693.5万元，并在2025年省财政专项申报时，将上述资金一揽子纳入，继续予以支持；组织开展农用薄膜回收处置相关宣传活动 264 次，参加活动人数超 2 万余人；组织全省农田地膜残留监测技术培训班、农业资源环境业务能力培训班等，各市、县（区）共组织技术培训 157 次，培训人数超 6 千人；在“江西农业农村”公众号上开设“府检联动”推动农用薄膜处置专栏，定期发布农用薄膜回收利用与执法监管典型案例，并印发《江西省农业农村厅关于公布农用薄膜和农药等农业投入品包装废弃物执法典型案例的通报》。2024 年江西省农用薄膜回收率达到 85%以上。

为深化办案成效，江西省院与省农业农村厅签订《关于加强农用薄膜行政执法与公益诉讼检察工作的协作意见》，各市、县（市、区）也分别与农业农村等行政机关建立农用薄膜污染治理协作工作机制。截至 2024 年底，在江西省院的统筹指导下，全省检察机关通过一体办案督促清理农用薄膜 1398 吨，建立农用薄膜回收点 292 个。江西省各地检察机关也分别以“检察建议+调研报告”的模式，向同级党委、政府等报告农用薄膜“白色污染”专项情况，推动形成包括建立废旧农用薄膜回收点、财政专项拨款、专项奖励补贴、纳入城乡垃圾一体化收运、与回收再利用企业合作等方式在内的农用薄膜回收处置体系。2024 年 12 月，“白色污染”整治公益诉讼专项监督活动获评第二届“新时代江西十大法治实践”。

2025 年 1 月，江西省院组织召开听证会对整改效果进行评估。听证员一致认为，通过检察机关办案推动，相关行政机关积极履行职责，采取有效措施推动全省农用薄膜“白色污染”系统治理，促推农业绿色发展、护航粮食安全，办案成效显著。同月 21 日，江西省院决定结案。

**【典型意义】**

农用薄膜“白色污染”等农业面源污染综合治理是关系到农业绿色发展和粮食安全的重要民生问题。省级检察机关针对农用薄膜治理的深层次公益损害难题，充分发挥一体化办案优势，通过办案推动建立健全省级层面农用薄膜污染执法监管协作机制，促进健全农用薄膜回收处置体系，推动农用薄膜“白色污染”问题系统性、源头性治理，不断改善农业生产环境，助力乡村振兴。

## 2. 浙江省青田县人民检察院<br>督促保护农业文化遗产“青田稻鱼共生系统”<br>种质资源行政公益诉讼案

**【关键词】**

行政公益诉讼检察建议　农业文化遗产保护　种质资源保护　协同治理

**【要旨】**

针对农业文化遗产种质资源保护、传统技艺活态传承不力等问题，检察机关通过检察建议等方式，督促行政主管部门和属地政府加强协作、落实监管职责，原真性保护鱼种种质资源，强化古法育苗技艺；同时通过公开听证客观评价办案效果，推动各方形成合力，确保农业文化遗产得到及时有效保护。

**【基本案情】**

“青田稻鱼共生系统”已有1300多年的历史，2005年入选全球首批重要农业文化遗产。其中，“青田稻鱼”属辐鳍鱼纲鲤形目鲤科，鲤鱼变种，因其独特育苗方式、生长环境等原因在遗传和形态上均明显不同于其他鲤鱼种群，具有抗病力强、性情温顺、鳞软可食等特点，兼有食用和观赏双重价值，先后获评国家农产品地理标志登记产品，国家生态原产地保护产品。近年来，遗产所在地存在外地田鱼和鱼苗大量流入，传统育苗法面临失传风险等问题，导致鱼种种质资源受到威胁，一定程度上影响了农业文化遗产传承、保护和利用。

## 【调查和督促履职】

2024 年 4 月，浙江省青田县人民检察院（以下简称青田县院）在开展专项工作中发现本案线索，通过联合“益心为公”高校志愿者实地调查、走访相关职能部门、咨询专家等方式查明，上述问题不仅容易造成本地田鱼品种退化甚至消失，还会对青田田鱼产品信誉、行业发展产生负面影响。此外，遗产所在地方山乡梯田灌排渠系设施不健全，造成部分稻田水源供给不足。根据《重要农业文化遗产管理办法》第二十五条之规定，青田县农业农村局对遗产保护情况负有监督、检查评估职责；根据乡村振兴促进法第三十二条、《全球重要农业文化遗产青田稻鱼共生系统保护暂行办法》等规定，青田县方山乡人民政府对辖区青田稻鱼共生系统负责具体保护工作。

青田县院认为上述问题对当地生态系统、耕作制度、技艺传承等造成不利影响，遂于同年 5 月 27 日对青田县农业农村局、属地乡镇政府立案，并于 6 月 14 日分别向两家单位制发检察建议，建议其从原真性保护青田鱼种种质资源，加强“古法育苗”技艺代表性传承师培育，并注重农田水利设施建设。

两部门收到检察建议后，高度重视、密切配合、迅速落实。针对种质资源保护问题，加快推进“青田种质资源保护和发展项目”建设，该项目系全国农遗地最大建设项目，投资概算近 2 亿元，项目建设内容涵盖田鱼种质资源收集保护中心、水稻种质资源库等，建成后将有效夯实稻鱼产业根基、保护鱼种稻种资源，2024 年 8 月已完成一期项目招投标工作。针对外地鲤鱼流入遗产所在地问题，严格落实原种保护并支持原种田鱼销售，陆续建立鱼苗基地 6 家，鼓励个人或集体开展原种田鱼育苗，与经营者签订本地田鱼销售承诺书，从源头上截断外地田鱼流入以次充好情况。针对“古法育苗”失传风险，通过建立典型示范户、农遗传承师评选、培育“新农人”等措施，逐步合理优化农遗传承队伍年龄结构，目前增加“新农人”4名。针对农田水利问题，投入资金200万元用于核心区田埂及灌溉水渠修复。

2024年9月，青田县院邀请相关部门、人员通过实地走访等进行案件整改效果评估，参与人员一致认可整改成效，并就处理好农遗保护与发展关系积极建言献策。

**【典型意义】**

农业文化遗产是中国历史文化遗产体系的重要组成部分，具有独特历史和文化价值，其中农业种质资源携带生物信息的遗传物质及其载体，是人类社会生存与可持续发展不可或缺的物质基础。检察机关聚焦农业文化遗产种质资源保护、文化传承问题，督促职能部门全面履职，加强对地方特有农业种质资源保护力度，维护从业农民群体合法权益，促进行业有序发展，切实服务保障乡村振兴。

## 3. 安徽省芜湖市湾沚区人民检察院督促规范高标准农田建设行政公益诉讼案

**【关键词】**

行政公益诉讼检察建议　高标准农田建设　超范围使用资金　系统治理

**【要旨】**

针对高标准农田建设工程项目超范围使用资金、建后管护不足等不规范情形，检察机关运用大数据法律监督模型精准监督，通过检察建议等方式，督促有关部门依法履职尽责，保障国家粮食安全和专项资金规范高效利用。

【基本案情】

2019年至2022年，芜湖市湾沚区辖区在建设高标准农田项目时超范围使用高标准农田建设资金1102.72万元用于乡村治理、乡村道路和景观建设以及民营商业性乡村旅游等项目，未能投入高标准农田建设。此外，辖区各镇高标准农田不同程度存在杂草丛生、淤泥堆积、沟渠毁损、标志牌破损等建后管护不足问题，严重影响高标准农田的质量和产量。

**【调查和督促履职】**

2024年4月，芜湖市湾沚区人民检察院（以下简称湾沚区院）依托“田长+检察长”工作机制调取高标准农田建设项目信息，通过大数据法律监督模型筛查，发现114亩高标准农田撂荒线索，于4月29日对负有监管职责的湾沚区农业农村局立案调查。经走访审计部门、现场勘验、调取项目矢量数据、资金使用账目，又发现1102.72万元高标准农田建设资金超范围使用的问题。其中，8条高标准农田道路用于农村道路建设，涉及资金289.4万元；4处高标准农田设施用于乡村治理和景观建设，涉及资金187.44万元；将高标准农田项目资金用于民营商业性乡村旅游项目，涉及资金625.88万元。此外，各镇已建高标准农田还存在杂草丛生、淤泥堆积、沟渠毁损、标志牌破损等13处建后管护不足问题。

根据土地管理法第三十八条，《农田建设项目管理办法》第四条、第三十三条，《农田建设补助资金管理办法》第九条、第十条等法律法规规定，2024年5月26日，湾沚区院向负有农田建设集中统一管理职责的湾沚区农业农村局（以下简称区农业农村局）制发检察建议，督促其加大对高标准农田建设项目资金使用的监管力度，退回超范围使用资金并统筹用于高标准农田建设；同步督促辖区各镇加强已建高标准农田项目监管，做好建后管护工作，依法依规处置超范围使用的高标准农田建设资金。

区农业农村局收到检察建议后，积极进行整改并向湾沚区院反馈属地政府退返资金困难。湾沚区院遂组织区农业农村、财政等部门及属地政府召开圆桌会议，共商整改方案，明确责任任务。为加快整改进度，湾沚区院协同区农业农村局向区委、区政府主要领导汇报，最终推动1102.72万元超范围使用资金全部退回，统筹用于高标准农田建设，并确定投资412.5万元补建高标准农田1500亩。2024年7月9日，区农业农村局将相关整改情况书面回复湾沚区院，案涉问题均已整改到位，同时以政府常务会专题会议纪要的形式进一步强化对高标准农田建设项目的立项选址、勘查设计、招投标、施工验收、资金使用、建后管养等全链条的监管，制定《湾沚区高标准农田建设项目库管理工作制度》，实现高标准农田建设项目的长效监管。同年7月30日，湾沚区院决定结案。

**【典型意义】**

高标准农田建设对保障国家粮食安全、提升农业生产效益、推进乡村振兴，促进农民增收致富具有重要意义。检察机关借助大数据法律监督模型锁定高标准农田建设中资金超范围使用、建后管护不足等问题，通过圆桌会议、检察建议等方式督促相关部门以政府专题会议纪要的方式加强高标准农田全域全链条的系统监管。针对高标准农田建设工程项目超范围使用资金退返困难等问题，检察机关及时向地方党委、政府主要领导汇报，加快推动问题整改，切实保障国家利益和社会公共利益。

# 4. 四川省雅安市人民检察院<br>督促保护蒙顶山茶树和荥经县枇杷茶树种质资源行政公益诉讼案

**【关键词】**

行政公益诉讼检察建议　茶树种质资源保护　检校协作　乡村振兴

**【要旨】**

针对雅安重要地方茶树蒙山（蒙顶山）群体种和荥经枇杷茶种质资源保护缺位的问题，检察机关发挥公益诉讼检察职能，督促行政机关依法履职，办案中借助高等院校及科研单位茶学专家的力量，实现对辖区内重要地方茶树种质资源的整体保护，促进茶产业高质效发展，服务“三农”工作和乡村振兴。

**【基本案情】**

雅安是我国重要茶叶产地、世界茶文化发源地之一，辖区内重要地方茶树蒙山群体种及荥经枇杷茶因毁林开荒、随意买卖原生茶树等导致存在保护不力的情况。原国营蒙山茶场品比园（种质圃）（以下简称蒙山品比园）作为蒙山群体种集中分布地，由于企业改制、缺乏管理等原因，病虫患频发。同时，荥经枇杷茶作为四川重要野生茶树资源，也缺乏系统保护。现有调查显示，两类重要地方茶树种质资源灭失风险加剧，公共利益持续受损。

**【调查和督促履职】**

2024 年 6 月，四川省雅安市人民检察院（以下简称雅安市院）在茶树种质资源保护公益诉讼专项行动中发现上述线索，在对线索进行评估分析后，考虑到该领域的专业性较强，决定邀请四川农业大学茶学专家协助案件办理。由于该线索涉及名山、雨城、荥经三个区、县，为保证雅安全域茶树种质资源保护效果，雅安市院成立专案组，于 2024 年 7 月 10 日以行政公益诉讼立案。

立案后，专案组多次与雅安市农业农村局（以下简称市农业农村局）磋商，开展现场调研，聘请茶学专家出具专家意见，核实蒙山品比园准确位置，确认该品比园是上世纪七八十年代四川农业大学著名茶叶专家李家光教授牵头选育的“蒙山 9 号”茶树优良品种的“源头”，但长期被人遗忘、杂草丛生、病虫害肆虐，种质资源未得到有效保护和利用，存在灭失风险。雅安市农业农村局对茶树种质资源的管理存在品种底数不清、保护及研究利用履职不全面等情形，危及茶树种质资源的遗传稳定性、完整性。7 月 17 日，为督促市农业农村局依法履职确保重要地方茶树种质资源安全，切实维护国家利益和社会公共利益，雅安市院根据种子法第三条、《农作物种质资源管理办法》第十八条和《国务院办公厅关于加强农业种质资源保护与利用的意见》等规定向市农业农村局制发检察建议，建议市农业农村局尽快落实蒙山品比园、荥经枇杷茶种质资源保护主体，完善基础设施建设，树立保护标识和标牌，加强科学管理；加强对损害蒙山品比园蒙山群体种和荥经枇杷茶树种质资源的各类非法行为的监管等，保护重要地方茶树种质资源安全。

收到检察建议后，市农业农村局高度重视，采取三项举措加强茶树种质资源保护。一是市农业农村局分别与雅茶集团、名山茶产业发展中心和荥经县农业农村局、林业局就茶树种质资源保护达成共识，市农业农村局印发《关于做好原国营蒙山茶场蒙顶山群体种和荥经县枇杷茶树种质资源保护与利用的通知》，指导区县做好茶树种质资源保护工作；二是开展全市蒙山群体种、荥经县枇杷茶树种质资源普查工作，摸清底数。对枇杷茶古树开展挂牌保护，并下发实施方案，明确枇杷茶树种质资源的保护范围、措施；三是指导雅茶集团对蒙山品比园开展修剪、人工除草、有机肥撒施，并安装了杀虫灯、安全围栏、品比园保护标识牌和宣传展示牌，投入 86 万余元组织力量与四川省农科院茶科所合作建立茶树种质资源数据库、开展基因测序、进行智能网格化管理。

2024 年 8 月 28 日，雅安市院邀请四川农业大学、四川省农科院茶叶研究所茶学专家、“益心为公”志愿者及市、区相关行政机关召开整改效果评估座谈会。与会人员通过听取报告、实地查看，认为检察机关对蒙山品比园、荥经县枇杷茶树种质资源开展公益诉讼卓有成效。2024 年 9 月 23 日，雅安市院依法作出终结案件决定。

办案中，雅安市院多次向雅安市人大常委会报告案件情况，推动地方立法加大对“蒙山群体种”茶树种质资源的保护力度。2025 年 3 月 1 日，四川省首部茶文化保护地方性法规《雅安市蒙顶山茶文化保护条例》正式实施，该条例第十八条明确规定加强“蒙山群体种”茶树种质资源保护。

**【典型意义】**

茶树种质资源是茶树育种、遗传研究和生产利用的物质基础，也是茶产业持续发展的潜力所在。检察机关聚焦重要地方茶树蒙山（蒙顶山）群体种和荥经枇杷茶树种质资源保护与利用以及可持续发展中存在的问题，多方联动凝聚合力，借助高等院校、科研机构茶学专家力量，提升监督专业性与精准性，有效保护蒙山品比园蒙山群体种茶树和荥经枇杷茶树种质资源，还推动将“蒙山群体种”茶树种质资源纳入地方法规重点保护范围，为实现当地茶叶品牌的经济价值、文化价值提升做出贡献。

# 5. 河南省唐河县人民检察院督促整治违法占用耕地行政公益诉讼案

【关键词】

行政公益诉讼　耕地资源保护　乡镇综合行政执法改革　基本农田复耕

【要旨】

针对违法占用永久基本农田及一般耕地问题，检察机关以“诉”的方式督促乡镇人民政府履行土地环境保护和资源管理职责。同时，以点带面，督促乡镇综合行政执法改革落地落细，牢牢守住耕地保护红线，维护国家粮食安全。

【基本案情】

2012 年 3 月以来，唐河县源潭镇三王庄村郭正养殖场、鹏华农牧公司未办理用地手续，占用永久基本农田及一般耕地进行畜禽养殖活动。在养殖过程中，沉淀池、猪圈通风设施等环保设施使用不到位，污染周边耕地且长期未整改。

【调查和督促履职】

2023 年 2 月，唐河县人民检察院（以下简称唐河县院）在对《南阳市长留言板》开展网络舆情排查中发现该案件线索。通过实地走访、无人机航拍、三维建模、现场勘验、委托第三方公司测绘等方式查明：郭正养殖场非法占用永久基本农田和一般耕地共 7 亩，鹏华农牧公司违法占用耕地 7.7 亩，两家养殖场养殖污水直排耕地，影响周边耕地种植环境，唐河县院于3月14日立案调查。

根据《河南省人民政府关于南阳市开展乡镇（街道）综合行政执法工作的批复》，乡镇（街道）对违法占用土地具有行政处罚权。2023年5月23日，唐河县院向源潭镇政府制发检察建议，建议其履行辖区环境整治和土地资源保护监管职责，督促符合农业设施用地备案条件的经营者依法办理备案手续。

2023年7月21日，源潭镇政府作出书面回复称，已督促两家养殖场办理设施农业用地备案手续，对约0.5亩的沉淀池加装防护装置、警示告知牌，另一处沉淀池占用基本农田，正在协调督促填埋恢复。同时，源潭镇政府认为其不是行政处罚的责任主体，无法进行处罚。经唐河县院持续跟进监督，发现源潭镇政府虽有部分整改行为，但违法占用基本农田和耕地养殖的情形仍未改变，公益损害仍在持续。

## 【诉讼过程】

2023年9月3日，唐河县院依法向人民法院提起行政公益诉讼，请求判令源潭镇政府对郭正养殖场、鹏华农牧公司违法占用、污染土地情形依法履行土地监督管理职责。

在提起公益诉讼后，源潭镇政府主动与唐河县院进行会商，积极整改，督促养殖场立即将违法占用的基本农田全部复垦、复耕；对2家养殖场违法占用耕地的行为进行了行政处罚，并积极协助其办理设施农业用地备案手续，“上图入库”纳入监管范围，于当年12月最终完成审批，完成整改。

同年10月20日人民法院宣判，认定镇政府对违法占地行为具有行政执法权，确认源潭镇政府未履行土地监督管理职责的行为违法。唐河县院同时还邀请全县23个乡、镇、街道办事处综合行政执法工作人员参与庭审观摩。

此后，唐河县院以该案办理为契机，部署开展了“整治违法占用农用地专项公益诉讼活动”，2023年以来，在县人大、政府的支持下，唐河县院针对发现的基本农田撂荒、违法占用耕地从事苗木种植、养殖场违法占地等问题，通过磋商、制发检察建议等方式，推动县土地管理部门组织开展业务培训13次，完善设施农业用地备案约3134亩，落实耕地“进出平衡”约185亩，推动唐河县政府建立《健全唐河县卫片执法和耕地保护长效监管机制》。全国人大代表充分肯定唐河县院办理涉耕地公益诉讼案件取得的成效，认为这些工作有效遏制了耕地“非农化”“非粮化”。

**【典型意义】**

耕地是粮食安全的命根子。围绕综合行政执法改革后乡镇（街道）对违法占地情形“不想接”“接不住”“干不了”等问题，检察机关通过检察建议和“诉”的方式推动乡级政府全面履职，促进综合行政执法改革顺利落地。此后又在全县范围内开展专项整治，遏制耕地“非农化”“非粮化”，体现了检察机关坚守18亿亩耕地红线的司法担当。

## 6. 广东省汕头市人民检察院督促规范肉牛屠宰行业行政公益诉讼案

**【关键词】**

行政公益诉讼检察建议　规范屠宰行业　服务农村经济发展　乡村振兴

**【要旨】**

针对肉牛屠宰行业存在的无证经营、违法排污、肉品未经检验等问题，检察机关充分发挥一体化办案优势，市、区两级检察机关分层监督，多个切入点全方位同步推进，通过数据监督模型等调查取证，以磋商、检察建议等形式督促相关职能部门开展屠宰行业综合整治，助推屠宰行业健康规范发展，改善农村人居环境，为服务地方特色产业优势和农业经济振兴发展提供法治保障。

**【基本案情】**

牛肉火锅和牛肉丸是潮汕地区特色美食和特色产业，已成为当地乡村振兴的重要经济支柱。汕头辖区内存在部分肉牛屠宰场未办理工商登记、未办理动物防疫条件合格证，屠宰好的肉牛产品未经肉品品质检验直接由大小商贩运输流入市场的情况，存在较大食品安全风险。且上述屠宰场未依法进行环境影响评价、未配备任何污染防治设施，直接向外排放未经处理的屠宰废水，危害公共卫生环境和乡村人居环境，损害社会公共利益。

**【调查和督促履职】**

汕头市人民检察院（以下简称汕头市院）接公益诉讼志愿者提报的线索反映，辖区内某地有多家肉牛屠宰场违法排污，臭气熏天，严重影响农村人居环境，村民反映强烈。汕头市院于 2024 年 1 月 19 日立案并进行调查取证，经监测，屠宰场排出废水中含有氨氮、CODcr、动植物油等污染物，对当地环境造成污染，相关行政机关主要涉及市生态环境保护综合执法局、区农业农村局等两级不同监管部门，由于职责交叉，该违法行为长期难以根治。

汕头市院研发建立肉牛屠宰场大数据监督模型，调取生态环境、农业农村、市场监管等部门相关行政许可数据的基础上，对全市 15 家屠宰场的信息比对分析，初步判断有两家肉牛屠宰场存在未办理动物防疫条件合格证、未依法进行环境影响评价、未配备任何污染防治设施等违法情形。为进一步查清肉牛屠宰场违法的事实，汕头市院根据屠宰场半夜和中午开始屠宰作业的时间规律，多次采取“传统蹲点式+高科技无人机航拍”方式，及时锁定屠宰场违法排污以及销售牛肉的证据。

2024 年 1 月 23 日，汕头市院依据水污染防治法第十九条和第二十一条等相关规定向市生态环境保护综合执法局依法制发行政公益诉讼检察建议，督促其对涉案肉牛屠宰场的环境违法行为履行监管职责，加强辖区内动物屠宰加工场的巡查监管力度，及时发现、制止和查处动物屠宰加工场的环境违法行为。同时，汕头市院还指导汕头市龙湖区人民检察院向区农业农村局、街道办事处就肉品防疫检疫、无证经营等违法情形制发磋商函，督促上述行政机关加强对屠宰场违法行为的查处力度，形成监管合力，共同整治屠宰行业违法乱象。

相关行政机关收到行政公益诉讼检察建议或磋商函后，积极依法履职，汕头市生态环境保护综合执法局部署开展牛羊屠宰场集中专项整治，并对其中违法情节严重的两家涉案屠宰场作出合计 42 万元的行政处罚决定，同时完善巡查执法机制，将屠宰加工场所专项执法列入每月执法检查计划。龙湖区农业农村局加大对屠宰行业的监管力度，对案涉两家屠宰场进行立案查处并依法予以取缔，街道办事处对辖区所有屠宰场进行全面排查整治。

**【典型意义】**

肉牛屠宰行业串联了农业、食品加工、文化旅游等产业，直接关系到汕头牛肉产业振兴发展。为推动汕头牛肉产业经济规范健康发展，汕头市检察机关充分发挥公益诉讼职能作用，利用一体化办案优势，对屠宰行业存在的违法排污、无证经营、防疫检疫不规范等问题，及时督促相关职能部门加强综合监管，形成整治合力，推动屠宰行业向标准化、规范化方向发展，为汕头特色乡村产业振兴、农业经济发展贡献检察力量。

# 7. 贵州省黔东南州人民检察院督促保护乡村旅游文化品牌行政公益诉讼案

## 【关键词】

行政公益诉讼检察建议　农村传统文化保护　农村道路交通安全　乡村旅游

## 【要旨】

针对乡村品牌旅游公路沿线存在的传统文化保护不力、人居环境破坏、道路交通安全隐患等问题，检察机关一体化推进案件办理，综合运用磋商、检察建议等方式，督促行政机关协同共治，切实推动问题整改，助力乡村振兴。

## 【基本案情】

“中国乡村旅游1号公路”作为黔东南州委州政府与《中国国家地理》杂志社联合力推的乡村旅游精品线路，全长488公里，串联起西江千户苗寨、肇兴侗寨、村超、村BA等42个中国传统村落及多项国家级非物质文化遗产项目。近年来，由于监管不力，乡村旅游1号公路沿线存在违规建设破坏传统村落风貌、非物质文化遗产保护传承不力；垃圾倾倒、侵占河道、滥砍滥伐等乱象；乡村旅游1号公路存在多处交通安全隐患、服务设施保障不足等问题，损害了国家利益和社会公共利益。

## 【调查和督促履职】

2024年4月，黔东南州人民检察院（以下简称黔东南州院）接到“益心为公”志愿者举报反映乡村旅游1号公路沿线的公益侵害问题线索，经初步核实发现多种问题交织且涉及多个部门、整改难度较大，于

2024年4月10日立案，抽调沿线6个基层院12余名干警组成专案组办理该案。

黔东南州院组织研发使用非物质文化遗产项目大数据法律监督模型，并通过调取乡村旅游1号公路线路图、实地勘察、现场走访、无人机航拍等方式查明，乡村旅游1号公路存在如下问题：一是传统文化保护不力。郎德上寨、格头苗寨等5个中国传统村落核心保护区存在“未批先建”、用西式建筑破坏传统村落原始风貌的情况。瑶浴、苗绣、侗族鼓楼营造技艺等多项国家级、省级非物质文化遗产项目存在传承保护资金落实不到位、被违规侵权等问题。二是沿线生态环境遭到破坏。巴拉河等5处水域山体存在违规占用河道、非法捕捞水产品、滥伐林木等破坏生态环境的违法行为，岜扒、小黄、永乐、台盘等9个村寨存在垃圾非法倾倒、污水直排、畜禽养殖污染环境等破坏人居环境问题。三是存在安全隐患、服务设施保障不到位。32处临水临崖路段交通安全设施损坏、路基下沉塌陷，9处路段存在塌方、落石占道，2处路段未科学合理设置交通标志、标线，沿线12个驿站运行不正常，西江千户苗寨、从江岜沙等人流量大的重点景区未规范配备应急医药箱及自动体外除颤器AED等服务保障设施。

2024年4月18日，黔东南州院组织州文体广电旅游局、州生态环境局、州交通运输局、州住房和城乡建设局等部门磋商，通报乡村旅游1号公路存在的问题，建议相关部门按照职责要求依法履职，协同推动乡村旅游1号公路问题整改。经跟进发现，乡村旅游1号公路交通安全、设施保障问题仍未整改，遂于2024年6月14日，根据公路法第四十条、《贵州省公路条例》第七条、第十八条、第三十一条及《公共场所自动体外除颤器配置指南（试行）》规定，依法向黔东南州交通运输局、凯里公路局、黔东南州卫生健康局制发检察建议，建议对国道、省道负有管护职责的凯里公路局，对县道乡道负有管护职责的黔东南州交通运输局及时对路基下沉、道路塌方、路面破损等问题进行整改，消除相关道路交通安全隐患；建议黔东南州卫生健康局督促指导相关单位、企业结合景区实际和人流量等因素，科学配置自动体外除颤器 AED、完善自动体外除颤器 AED 电子地图的位置标注。

期间，黔东南州院统一对线索进行分析研判，通过召开调度会、现场督导会、探索“简案快办”模式等方式全程推进专案办理，指导基层院立案办理公益诉讼案件 41 件，其中磋商 10 件，制发检察建议 31 件。通过案件办理，一是有效保护了传统文化。共制止破坏传统村落风貌违规建设 33 处，完成风貌改造 32 栋，整治非物质文化遗产项目虚假宣传 26 家，涉及非物质文化遗产项目 12 项，落实兑现非物质文化遗产项目保护资金 25 万元，有力推动沿线农村优秀传统文化传承；二是修复了沿线生态环境。共督促处置各类农业垃圾 240 吨，完善污水处理设施 9 套，拆除河道违建 6 处，增殖放流 8 万尾，补植复绿树木 130 亩，有力提升沿线生态环境和人居环境；三是消除了公路安全隐患、服务设施保障到位。推动有关部门投入资金总计 1650 万元，修缮临水临崖路基 16 处，增加道路安全设施 17 处，整治道路塌方落石 15 处，完善震荡减速标线 14 组，投放 AED 设备 56 台，15 处驿站正常运营并全部配备应急医药箱，有力提升了乡村旅游 1 号公路的安全系数。

2024 年 10 月，黔东南州院邀请人大代表、“益心为公”志愿者参与实地查看乡村旅游 1 号公路整改情况，发现问题已得到整改。

**【典型意义】**

检察机关结合少数民族地区实际，以乡村公路沿线传统文化保护、人居环境整治、道路交通安全为小切口，充分发挥公益诉讼职能作用，通过磋商、制发检察建议等监督方式，督促行政机关依法履职，推动多部门形成工作合力，让旅游公路沿线人文景观和生态景观得到保护，让旅游公路真正成为安全的路、放心的路，更成为沿线群众的致富路和促进乡村振兴之路。

# 8. 陕西省柞水县人民检察院<br>督促整治农村公厕管理问题行政公益诉讼案

**【关键词】**

行政公益诉讼检察建议　人居环境改善　农村公厕　“益心为公”志愿者

**【要旨】**

针对农村公厕建成后管理不到位的问题，检察机关依法查明责任主体，通过制发检察建议，督促行政机关形成合力，推动公益损害问题得到解决，助力乡村振兴。

**【基本案情】**

2023 年 6 月至 8 月，柞水县农业农村局组织在全县农村地区建成公共厕所 56 处，截至 2024 年 4 月，所建成的农村公共厕所全部未对外开放且无人管理，个别公共厕所水电尚未接通。案涉公共厕所全部处于闲置状态，影响农村人居环境改善工作成效。

**【调查和督促履职】**

2024 年 4 月，柞水县人民检察院（以下简称柞水县院）接到“益心为公”志愿者反映案件线索，柞水县某镇政府东约 100 米处新建的公共厕所长期不开放。经过初步研判，柞水县院于 2024 年 4 月 29 日依法立案，并对该镇农村公厕管理不到位的问题开展调查。通过调取柞水县农业农村局 2023 年度全县新建农村公厕台账、开展实地走访调查、询问相关工作人员，查明 2023 年 6 月至 8 月，全县已经建成的 56 处农村公共厕所存在未落实管护责任、未对群众开放、个别公厕水电不通的情况。根据《关于加强农村公共厕所建设和管理的通知》（农办社〔2022〕7 号）相关规定，柞水县农业农村局对农村公厕管理工作负有监管职责。经过沟通磋商，县农业农村局承认存在检察机关调查发现的问题，但认为主要原因是后续管理资金不到位，影响了管理工作正常开展。

2024 年 5 月 22 日，柞水县院向县农业农村局制发检察建议，建议其积极履行职责，落实农村公共厕所管护责任，确保全县的农村公共厕所在日常管理方面达到“专人管、有经费、定时清、无异味”的标准；对个别水电不通的农村公共厕所进行维修处理，确保公厕正常使用；除特殊极端天气外，向群众开放，确保农村公厕建设实现利农惠农和改善农村人居环境的目的。

收到检察建议后，柞水县农业农村局制定了整改方案，组织人员分片区对全县农村公共厕所进行全面排查，将 2023 年以前建成的 24 处未落实管护责任的公厕一并纳入排查范围，同时就整改工作及时派员与柞水县院对接。为促进问题尽快解决，柞水县院主动与县财政局、人社局对接、座谈，推动公厕建设后续管护工作与促进附近群众增收和脱贫人口就业结合起来。2024 年 7 月 16 日，县农业农村局回复整改情况：对全县 79 个村（社区）的 80 处农村公厕以设置公益岗位的方式安排了 80 名公厕管理人员，其中农村脱贫人口占比 40%，并于 2024 年 7 月开始上岗，同时还争取到财政部门按每年度 48 万元的公厕管理费用列入预算。在检察机关推动下，柞水县农业农村局制定并下发了《柞水县关于建立农村卫生厕所管护长效机制》文件，明确了农村公厕管护责任，建立起全县农村公厕县、镇、村三级管护体系。

2024 年 7 月 26 日，柞水县人民检察院组织“益心为公”志愿者开展跟进调查，对县域内农村公厕管护情况进行走访，发现水电不通的公厕均得到妥善维修处理，全县已建成的农村公厕全部对外开放，管护人员已到岗开展工作。

【典型意义】

农村“厕所改革”是推进农村生态振兴、文化振兴的重要内容，是提高农民生活质量、改善农村人居环境的民生工程。检察机关针对农村公厕建设、管理工作中存在的问题和不足，主动发挥公益诉讼检察职能，通过磋商、制发检察建议等手段，督促行政机关依法履职，在解决村民日常生活中具体困难的同时还兼顾提高农村低收入人群的收入，是公益诉讼检察践行司法为民的具体行动，为改善农村人居环境贡献了检察力量。

## 9. 山东省青岛市崂山区人民检察院督促整治农家宴用电安全隐患行政公益诉讼案

【关键词】

行政公益诉讼检察建议　安全生产　乡村振兴　预防性公益诉讼

【要旨】

针对林区农家宴、乡村民宿等私拉电线造成的消防安全隐患，检察机关履行公益诉讼检察职能，督促行政机关依法开展排查整改，在规范农村用电安全和消除森林消防隐患的基础上，引导经营者规范安全用电，促进乡村旅游业健康发展。

【基本案情】

2017 年前后，崂山景区周边社区形成一批农家宴，方便了游客，也增加了社区群众的收入。但由于缺乏相应的管线规划与建设，部分农家宴、民宿经营者在用电时采取了表后自行走线方式。某社区 9 户农家宴、民宿的表后线平均长约 500 米，其中最长的接近 800 米，均系直接穿越山林，且电线多处存在缠树绕枝或者直接挂在树枝（干）上等现象。7 户表后强电电缆与通讯、有线等弱电电缆捆扎在一起，给林区的消防安全带来了严重威胁。因系自行拉线用电，部分线路不符合规范要求，导致经常出现跳闸断电。同时，因系表后走线，产权属于用电人，供电单位无权处置。针对自行走线用电引发的山火隐患以及用电安全隐患，社区与供电单位 7 年来一直向有关职能部门反映，问题始终未得到解决，安全隐患长期存在，社会公共利益持续受到侵害。

## 【调查和督促履职】

2024 年 4 月，一名政协委员向青岛市崂山区人民检察院（以下简称崂山区院）反映，崂山脚下某社区内存在多处用电消防安全隐患点。

崂山区院立案后经调查查明，该社区位于崂山风景区脚下，被划为一级森林火险区，区域内乔木、灌木、草类、苔藓等可燃物密布。实地勘察发现，案涉区域共存在 9 处用电安全潜在风险点，多为村民自主经营的农家宴、民宿等为图用电方便，私拉表后线。9 户表后线穿越山林，部分与弱电电缆混扎。经供电企业评估，上述 9 处点位表后线如发生断线、破皮、老化等情况，极易引发火灾。与表后线捆扎在一起的弱电线缆如遭遇雷电等外力破坏影响，易引燃绝缘外皮或弱电线缆本体断线、破皮、老化，从而引发强电线路起火，存在严重消防安全隐患。社区及案涉区域供电单位自 2017 年起均通过多种途径向所属街道办事处、应急管理等单位多次反映，相关部门以没有资金立项、因历史遗留原因相关电缆产权不清、未产生现实灾害为由，始终未予整改。

根据森林法第三十四条、《森林防火条例》第五条、《山东省实施〈森林防火条例〉办法》第七条、《青岛市森林防火条例》第六条等规定，县级以上人民政府应当组织领导相关部门开展森林火灾的预防、扑救和处置工作，并根据实际需要设立森林防火指挥机构。崂山区森林防火指挥机构办公室设在崂山区应急管理局，负责全区森林防火的监督、管理和实施，基层森林防火指挥机构设在街道办事处，负责辖区内森林防火的组织领导工作。

案涉社区位于崂山区王哥庄街道办事处，2024 年 5 月 13 日，崂山区院在现场勘验和咨询供电单位专业意见基础上，分别向崂山区应急管理局、崂山区王哥庄街道办事处送达检察建议书，督促崂山区应急管理局履行森林消防监管职责，督促相关单位采取措施消除案涉区域用电消防安全隐患，并对辖区同类隐患进行排查并督促整改；督促王哥庄街道办事处做好案涉区域的森林防火组织领导工作，及时采取措施消除林区用电消防安全隐患，保护自然资源和人民群众生命、财产安全。

检察建议制发后，崂山区院多次跟进，就问题的紧迫性以及整改措施与职能部门座谈。两家行政机关收到检察建议后，高度重视并积极整改。崂山区应急管理局组织王哥庄街道分管负责人、林业中心主任、社区书记及社区电工等相关人员到现场进行实地调查，研究整改方案，并责成王哥庄街道一个月内完成隐患整改。王哥庄街道制定了整改方案：一是将原先由原个人在林中架设的供电线路全部断电废弃。二是将 9 户表后电线采用下地铺设，并重新接入由供电部门架设的正规输电线路，消除火灾隐患。5 月 31 日，案涉区域相关线路改造完成。6 月 16 日，改造后的线路恢复供电。崂山区应急管理局还聘请第三方专业技术服务公司进行“诊断式”隐患排查整治工作，共排查林内输配电设施火灾隐患 924 处，并全部完成整改。通过检察机关办案推动森林消防安全隐患合力妥善解决。

2024 年 8 月 2 日，崂山区院对案涉区域整改效果开展“回头看”。时值旅游旺季，案涉社区进入用电高峰期，相关农家宴店铺的经营者表示，线路改造后用电安全得到保障，线路负荷更加稳定，此前时有发生的跳闸、断电事件再未发生，店铺的旅客承载力也得到了大幅提升。

【典型意义】

农家宴、民宿等农村旅游业是实现农村产业融合发展、推动乡村振兴的重要引擎。针对排查出的林区农家宴、民宿等用电安全隐患，检察机关积极履职，推动行政机关全面排查并消除安全隐患，从源头上解决困扰当地多年的农村安全用电问题，同时还提升了旅游服务质量，助力乡村振兴。

## 10. 重庆市人民检察院第五分院<br>诉毛某等人侵害农村老年人个人信息权益民事公益诉讼案

【关键词】

民事公益诉讼　大数据法律监督模型　农村老年人个人信息安全　农村稳定

【要旨】

针对在农村地区推广电子医保过程中，骗取农村老年人个人信息注册支付宝账户并出售牟利的违法行为，检察机关运用大数据法律监督模型精准锁定高危账户，并以“诉”的方式实现注销账户消除隐患，筑牢农村个人信息、财产安全防线，制发社会治理检察建议推动医保部门完善农村电子医保开户及使用监管，助力提升农村基本公共服务水平。

【基本案情】

2022 年 3 月至 5 月，毛某邀约刘某、何某等 8 人成立团队，在重庆市江津、武隆等地，利用农村地区多为留守老人、防骗意识较弱的特点，以帮助免费注册激活电子医保账户为由，获取农村老年人的身份证、人脸信息和手机号码，私自注册支付宝账户后予以出售，非法获利近 20 万元。上述行为严重侵害农村老年人的个人信息权益和财产安全，且产生下游网络赌博、诈骗、洗钱等犯罪风险，影响农村地区的稳定安宁。

**【调查和诉讼】**

重庆市江津区人民检察院（以下简称江津区院）在审查起诉毛某等 8 人侵犯公民个人信息罪一案中发现公益受损线索。重庆市人民检察院第五分院（以下简称重庆五分院）经分析研判认为，支付宝账户具有金融账户属性，非法出售后将导致案涉农村老年人的个人信息面临被冒用从事违法犯罪活动的重大风险，社会公共利益持续受损，遂指导江津区院于 2023 年 11 月 1 日以民事公益诉讼立案。

为有效阻断后续风险扩散，避免安全隐患，检察机关及时开展账户清查，通过大数据建模，调取支付宝账户注册数据、医保电子凭证激活账户、个人身份信息等 3 万余条，以“涉案时间、涉案区域、被侵权人年龄”为关键要素进行数据碰撞比对，锁定 317 个案涉账户具体信息。随后，检察机关组织支付宝（中国）网络技术有限公司（以下简称支付宝公司）以及相关专家开展技术、法律风险论证，通过风险研判拟采取注销账户、动态验证等不同等级的技术防控措施，深入农户逐一核实支付宝账户注册情况，征求是否注销账户的意见。

2024 年 4 月 26 日，重庆五分院向重庆市第五中级人民法院（以下简称重庆市五中法院）提起民事公益诉讼，诉请判令毛某等 8 人协助被侵权人注销涉案支付宝账户以消除风险；在省级以上媒体公开赔礼道歉。

在法院组织调解过程中，毛某等人均认可检察机关认定的事实，并同意全部诉讼请求。同年 7 月 9 日，重庆市五中法院作出民事调解书予以确认。调解书生效后，毛某等 8 人已在重庆晚报上刊登道歉信；在取得被侵权人同意后，向支付宝公司统一申请注销。

针对案件中反映出多区域农村老年人电子医保服务存在薄弱环节的

问题，2024 年 5 月 27 日，重庆五分院协调重庆市医疗保障局强化推广渠道管理，与支付宝公司加强合作，共同处置异常账户。2024 年 7 月，重庆市医疗保障局表示，已建立全市统一的电子医保推广人员身份甄别机制；支付宝公司进一步排查后已冻结 505 个异常账户，对 48853 个同时段开通的账户开展实人动态身份验证；借助国家医保服务平台 App、支付宝、微信医保码亲情账户绑定功能解决农村老年群体不会使用医保码问题。

**【典型意义】**

农村老年群体权益保障是维持农村稳定、推进乡村全面振兴的重要内容。发现侵害农村老年群体权益的问题后，检察机关快速反应，综合运用大数据模型、民事公益诉讼斩断违法链条，筑牢乡村数字安全防线，切实保障农村老年群体合法权益。

最高人民检察院

# 关于印发最高人民检察院第五十七批指导性案例的通知

（2025 年 2 月 28 日）

**各省、自治区、直辖市人民检察院，解放军军事检察院，新疆生产建设兵团人民检察院：**

经 2025 年 2 月 21 日最高人民检察院第十四届检察委员会第四十八

次会议决定，现将内蒙古自治区鄂尔多斯市检察机关督促保护秦直道遗址公益诉讼案等五件案例（检例第 228－232 号）作为第五十七批指导性案例（文物和文化遗产保护主题）发布，供参照适用。

## 内蒙古自治区鄂尔多斯市检察机关督促保护秦直道遗址公益诉讼案

（检例第 228 号）

【关键词】

行政公益诉讼　民事公益诉讼　文物保护　综合履职　模拟修缮　指定管辖

【要旨】

检察机关办理严重损毁文物案件，应当注重依法综合运用刑事检察和公益诉讼检察等职能。不可移动文物本体全部毁坏，依法不得在原址重建的，可以采取模拟修缮方式确定受损文物价值。上级人民检察院可以商同级人民法院共同指定基层人民法院、基层人民检察院办理民事公益诉讼案件。

【基本案情】

秦直道南起陕西省淳化县，北至内蒙古自治区包头市九原区，全长 700 多公里，是我国古代重要的交通、贸易和民族融合大通道，对研究我国古代交通史及秦代历史具有重要价值。2006 年，秦直道 · 达拉特旗段（秦）被国务院核定公布为第六批全国重点文物保护单位。2009 年至 2020 年，内蒙古自治区达拉特旗 A 煤矿（以下简称 A 企业）、B 煤炭有限责任公司（以下简称 B 企业）在秦直道遗址本体上生产作业，造成 3214. 01 米秦直道遗址全部毁坏。

## 【检察机关履职过程】

**线索发现**。2023 年 3 月，达拉特旗公安局以杨某某（A 企业负责人）、郭某某（B 企业原法定代表人）等人涉嫌故意损毁文物罪移送达拉特旗人民检察院审查起诉。案件办理过程中，达拉特旗人民检察院刑事检察部门发现该案可能存在损害公共利益的情形，遂将案件线索移送该院公益诉讼检察部门。

**行政公益诉讼案件办理**。达拉特旗人民检察院发现公益诉讼案件线索后，请示鄂尔多斯市人民检察院，两级检察机关研判认为，A、B 两家企业的生产作业行为造成秦直道遗址被毁坏，损害了公共利益。根据《中华人民共和国文物保护法》（2017 年修正，以下简称文物保护法）规定，达拉特旗人民政府负责本行政区域内的文物保护工作，但其在工程建设文物前置审批工作中把控不严；达拉特旗文化和旅游局（以下简称达拉特旗文旅局）负责对本行政区域内的文物保护实施监督管理，但其未依法落实有保护范围、有标志说明、有记录档案、有专门保护管理机构或者专人负责保护管理的“四有”工作要求。2023 年 7 月 5 日、7 月 13 日，达拉特旗人民检察院、鄂尔多斯市人民检察院分别对达拉特旗文旅局、达拉特旗人民政府以行政公益诉讼立案。立案后，两级检察机关邀请内蒙古博物院专家多次深入遗址开展现场勘验，查明 A 企业、B 企业煤炭生产作业分别导致 1798. 88 米、1415. 13 米秦直道遗址区段全部毁坏。

2023 年 10 月 30 日，鄂尔多斯市人民检察院依据文物保护法第八条的规定，向达拉特旗人民政府制发检察建议，督促其依法全面履行文物保护责任，统筹文物行政部门和相关职能部门严格落实工程建设文物前置审查制度，加强对秦直道遗址的保护。同日，达拉特旗人民检察院依据文物保护法相关规定向达拉特旗文旅局制发检察建议，督促其全面履行对秦直道遗址的监管职责，依法处理 A 企业、B 企业在秦直道遗址范围内的采矿行为，落实秦直道遗址“四有”工作要求，对秦直道遗址达拉特旗段采取有效保护措施。收到检察建议后，达拉特旗人民政府积极推动秦直道遗址保护工作，申请专项文物保护资金，加强文物管理力量；严格落实工程建设文物前置审查制度，完善相关流程，累计督促完成611个建设项目文物考古调查和前置审批手续办理。达拉特旗文旅局依法对案涉企业作出行政处罚，核查辖区内秦直道遗址分布及保存现状，委托编制《达拉特旗秦直道遗址专项文物调查勘探报告》，落实秦直道遗址“四有”工作要求，在秦直道遗址重要地段增设了安全警示牌，并组织开展不定期安全巡查。

**民事公益诉讼案件办理**。检察机关进一步研判认为，文物保护法针对破坏文物行为仅规定了责令改正、罚款等行政处罚种类。本案中，单纯给予行政处罚，受损公共利益无法全面恢复，检察机关可以依法提起民事公益诉讼，要求违法行为人承担损害赔偿责任。2023年7月5日，达拉特旗人民检察院对A、B两家企业以民事公益诉讼立案，并依法开展调查取证。同年9月25日，达拉特旗人民检察院就提起民事公益诉讼向鄂尔多斯市人民检察院报请指定管辖。鄂尔多斯市人民检察院经审查认为，本案侵权行为发生地、损害结果地均位于达拉特旗，且刑事案件由达拉特旗人民检察院办理，为便于当事人诉讼，更好发挥庭审对当地群众的法治宣传教育作用，提升文物保护意识，可以由该院提起民事公益诉讼。鄂尔多斯市人民检察院商请鄂尔多斯市中级人民法院指定管辖，鄂尔多斯市中级人民法院报请内蒙古自治区高级人民法院批准后，裁定本案由达拉特旗人民法院审理。

文物保护法规定：“不可移动文物已经全部毁坏的，应当实施遗址保护，不得在原址重建”，案涉秦直道遗址区段已全部毁坏，但目前尚无在不可移动文物全部毁坏的情况下计算其受损价值的参考方法，难以通过司法鉴定确定损害赔偿数额。经咨询，内蒙古博物院认为，秦直道作为人文遗迹属于环境的一部分，结合文物保护的特殊性，可参考

《生态环境损害鉴定评估技术指南总纲》和《环境损害鉴定评估推荐方法（第Ⅱ版）》，采用替代等值分析法评估文物受损情况，即以实施模拟修缮工程等价量化受损价值。

2023 年 11 月 2 日，达拉特旗人民检察院委托具有文物保护工程勘察设计资质的第三方企业制定模拟修缮方案。该企业依据《文物保护工程管理办法》等相关法规及《土遗址保护试验技术规范》（WW/T0039-2012）等土遗址修缮保护规范，借鉴以往实体保护修缮工程的成功经验对秦直道进行模拟修缮。根据原始山体轮廓以及秦直道沿线分布情况等，确定矿界范围内秦直道的损毁长度；对形成的采矿坑进行模拟回填；针对秦直道被破坏的夯土层、垫土层进行秦直道道路本体模拟修复，在夯筑过程中针对不同土层选用与现存遗址最为相似的土壤材料，以模拟秦直道原本建造工艺的方式，分层夯筑修补。在此基础上，综合考虑其历史、文化等价值，最终量化出受损文物价值 506.66 万元。

2024 年 2 月 6 日，检察机关邀请内蒙古自治区文物专家库成员召开论证会。与会专家认为，运用科学评估办法量化受损的秦直道遗址价值，对于不可移动文物的有效保护具有必要性。在暂无规范标准的情况下，检察机关委托专门机构，采用模拟修缮方式，选用与秦直道遗址最为相似的土壤材料，以模拟秦直道原始建造工艺的方式对道路本体进行模拟修缮，并考虑了文物的历史、科学、社会价值，以此方式认定秦直道损害价值具备科学性。

2024 年 3 月 12 日，达拉特旗人民检察院向达拉特旗人民法院提起民事公益诉讼，诉请判令 A 企业承担损害赔偿 112.17 万元、B 企业承担损害赔偿 394.49 万元，二被告共同承担评估费用 47.5 万元。2024 年 4 月 28 日，达拉特旗人民法院依法作出一审判决，支持达拉特旗人民检察院全部诉讼请求。2024 年 6 月 4 日，A 企业、B 企业均已缴纳秦直道遗址损害赔偿费用，生效判决确定的所有义务均已履行完毕。达拉特旗文旅局制定《秦直道遗址达拉特段保护规划》，利用上述费用实施秦直道遗址未灭失段的局部本体抢险加固工程及秦直道遗址整体预防性保护工程，实现对秦直道遗址的系统保护。

## 【指导意义】

**（一）针对严重损害文物的行为，检察机关可以依法统筹运用刑事、公益诉讼等检察职能，实现对文物的综合保护。**文物和文化遗产承载着中华民族的基因和血脉，是不可再生的文化资源。在办理文物保护案件过程中，检察机关要充分发挥法律监督职能，注重各项检察职能协调互补，形成惩治不法行为、保护受损公益的合力，以高质效办案服务保障文化强国建设。对于严重损毁文物构成刑事犯罪的，应当依法追究刑事责任；对于文物保护过程中地方政府、文物行政部门未依法履行职责的，应当以行政公益诉讼督促其履行法定职责；对于行政处罚仍不能全面实现公益保护，符合起诉条件的，依法对违法行为人提起民事公益诉讼。

**（二）针对不可移动文物全部毁坏，依照法律规定不得在原址重建的情况，可以采取模拟修缮方式量化受损文物价值。**不可移动文物全部毁坏，认定受损文物价值尚无规范性标准，司法鉴定又难以确定损害赔偿数额时，检察机关可以委托具有文物保护工程勘察设计等资质的机构，参考《环境损害鉴定评估推荐方法（第Ⅱ版）》中的替代等值分析法进行评估，统筹考虑文物的历史、科学、社会价值，运用模拟修缮方式量化受损文物价值。针对评估结果，可以邀请文物行政部门、文物专家出具专业意见，进一步分析说明评估方式的科学性。

**（三）上级人民检察院可以商同级人民法院共同指定基层人民法院、人民检察院办理民事公益诉讼案件。**综合考虑违法行为发生地、损害结果地或者违法行为人住所地等因素，由基层人民检察院提起民事公益诉讼更为方便、更有利于法治宣传教育的，上级人民检察院可以商请同级人民法院，按照相关规定指定基层人民法院审理。

【相关规定】

《中华人民共和国民法典》（2021 年施行）第一千二百二十九条、第一千二百三十五条

《中华人民共和国文物保护法》（2017 年修正）第八条、第十五条、第二十二条、第六十五条第一款（现为 2024 年修订后的第九条、第二十六条、第三十三条、第九十六条）

《中华人民共和国环境保护法》（2014 年修订）第二条

《中华人民共和国行政诉讼法》（2017 年修正）第二十五条

《中华人民共和国民事诉讼法》（2023 年修正）第五十八条

《最高人民法院、最高人民检察院关于检察公益诉讼案件适用法律若干问题的解释》（2020 年修正）第五条

《最高人民法院关于审理环境民事公益诉讼案件适用法律若干问题的解释》（2020 年修正）第六条

《人民检察院公益诉讼办案规则》（2021 年施行）第十四条、第十六条、第七十五条、第九十八条

办案检察院：鄂尔多斯市人民检察院　达拉特旗人民检察院

承办检察官：郃忠平　白翠琴　魏红霞　李敏

案例撰稿人：张云龙　李娜　郝向阳　魏红霞

## 青海省西宁市城中区人民检察院督促保护宏觉寺行政公益诉讼案

（检例第 229 号）

【关键词】

行政公益诉讼　文物保护　修缮义务　推动文物价值利用

## 【要旨】

针对不可移动文物受到严重损害或者存在严重损害风险，致使公共利益受到侵害的情形，检察机关应当督促文物行政部门依法全面履行文物保护监督管理职责，督促指导文物使用人落实保护职责；文物使用人不具备修缮能力的，可以建议属地政府依法给予帮助、开展修缮保护，并协同做好文物价值利用工作。

## 【基本案情】

宏觉寺建于 1390 年，位于青海省西宁市，是汉、藏、回、蒙古等民族深度交融的重要枢纽。公元 7 世纪初，文成公主入藏途经此地，修建了供奉释迦牟尼十二岁等身像的宝座，藏传佛教在此遗址上创建宏觉寺。1951 年，十世班禅赴京参加《中央人民政府和西藏地方政府关于和平解放西藏办法的协议》签订仪式后，中共中央西北局主要负责同志在宏觉寺为十世班禅首次进藏送行。宏觉寺在增进历代中央政府和藏传佛教联系方面发挥了重要桥梁纽带作用，1998 年被青海省人民政府核定公布为青海省重点文物保护单位。

因历史原因，西宁市某企业于 1967 年迁入宏觉寺，并在寺内修建车间、办公楼及职工住宅楼。2006 年，该企业依照文物保护规定将宏觉寺班禅行宫和一座大殿腾清后交由青海省佛教协会进行修缮，但前香厅仍被作为库房使用，文物主体未得到妥善管理和修缮，已出现下沉、塌陷等情形。

## 【检察机关履职过程】

**立案与调查。**2020 年 6 月，西宁市城中区人民检察院（以下简称城中区检察院）在开展文物保护公益诉讼检察专项行动中发现该案线索。城中区检察院初步调查发现存在公共利益受损的情形，经研判符合立案条件。经层报青海省人民检察院批准，城中区检察院于2021年1月7日对该线索立案调查。

城中区检察院立案后，通过实地勘察、调取档案，查实宏觉寺前香厅被某企业作为库房使用，文物主体除梁架结构保持原状外，屋面塌陷，立柱下沉倾斜，山墙、门窗损毁程度较重。同时查明，西宁市城中区文体旅游科技局（以下简称城中区文旅局）在知悉宏觉寺前香厅主体部分受损，该企业已停止生产、财务状况较差，不具备修缮能力后，未组织开展文物修缮，存在怠于履行文物保护监督管理职责的情形。

2021年1月13日，城中区检察院召开听证会，邀请区人大代表、政协委员、人民监督员、文物专家等参加，对宏觉寺历史价值、修缮必要性及修缮思路等进行公开听证。参加听证人员一致认为案涉企业不具备修缮能力，建议其腾退宏觉寺前香厅，由城中区文旅局进行抢救修缮，拆除寺内车间、办公楼。城中区检察院采纳了听证意见。

**制发检察建议**。鉴于案涉企业不具备修缮能力，城中区文旅局未依法履行文物保护监督管理职责，且宏觉寺前香厅持续处于受损状态，城中区检察院根据有关法律规定，于2021年1月13日向城中区文旅局制发检察建议，督促其依法履行监督管理职责，确保宏觉寺前香厅得到妥善保护和有效利用。

**整改情况**。收到检察建议后，城中区文旅局督促案涉企业搬离宏觉寺。2021年1月28日，该企业腾退宏觉寺前香厅，正式将其交给城中区文旅局进行抢救修缮。同年3月2日，城中区文旅局对检察建议作出书面回复：已制定修缮方案，正在向上级单位申请修复资金。收到回复后，城中区检察院对宏觉寺修缮情况进行了跟进监督。城中区文旅局使用青海省文化和旅游厅划拨的专项资金，对宏觉寺前香厅进行了修缮；同时，向城中区人民政府报告该案，争取资金用于拆除寺内其他企业生产用房及搬迁补偿。2023年6月，宏觉寺修缮项目竣工。

城中区检察院、城中区民族宗教事务局、城中区文旅局等单位走访爱国宗教人士，查阅历史档案资料，深入挖掘宏觉寺在促进各民族交往交流交融方面的历史价值，以及老一辈革命家在推动西藏和平解放、增进民族团结中的历史事迹。2024 年 6 月，青海省民族宗教事务委员会将宏觉寺前香厅打造为“青海省民族团结进步教育基地”主展馆，以弘扬爱国主义为核心的伟大民族精神为主线，展示宏觉寺在增进历代中央政府和藏传佛教联系方面的典型故事及珍贵影像，教育和引导各族群众铸牢中华民族共同体意识，推动实现对文物的有效利用。

## 【指导意义】

检察机关办理不可移动文物保护行政公益诉讼案件，应当监督文物行政部门依法全面履行对文物保护的监督管理职责。根据文物保护法规定，县级以上地方人民政府文物行政部门对本行政区域内的文物保护实施监督管理；应当加强对不可移动文物保护的监督检查，及时发现问题隐患，防范安全风险，并督促指导文物使用人履行保护职责。针对不可移动文物存在损毁危险的情形，检察机关应当监督文物行政部门全面履行文物保护监督管理职责；使用人不具备修缮能力的，可以建议属地政府依法给予帮助，组织开展修缮保护。在保护不可移动文物的同时，要注重协同做好文物价值的挖掘阐释和活化利用工作，更好发挥文物在历史研究、文化传承、价值引领、科普教育等方面的功能和作用。

## 【相关规定】

《中华人民共和国文物保护法》（2017 年修正）第八条、第九条、第二十一条（现为 2024 年修订后的第九条、第十条、第十一条、第十二条、第三十二条）

《中华人民共和国行政诉讼法》（2017 年修正）第二十五条第四款

《最高人民法院、最高人民检察院关于检察公益诉讼案件适用法律若干问题的解释》（2021 年施行）第二十一条第一款

办案检察院：西宁市城中区人民检察院
承办检察官：兰茜　严淑蓉　于婷婷　刘尚娜
案例撰稿人：严淑蓉　刘尚娜　党春艳　张希梅

# 山西省人民检察院督促保护云冈石窟行政公益诉讼案

（检例第230号）

## 【关键词】

行政公益诉讼　文物保护　严重损害风险　磋商　监督对象

## 【要旨】

针对文物和文化遗产存在严重损害风险的情形，检察机关可以依法开展公益诉讼。办理行政公益诉讼案件应当充分发挥磋商的督促整改功能，及时有效保护公共利益。公益损害问题涉及多个行政机关职责，分别监督难以实现有效保护的，可以依法督促地方政府统筹履职。

## 【基本案情】

云冈石窟位于山西省大同市境内，1961年被国务院核定公布为第一批全国重点文物保护单位，2001年被联合国教科文组织列入世界文化遗产。云冈石窟保护区包括地上保护区和地下保护区，保护区之外设有建设控制地带。A煤矿、B煤矿、C煤矿矿区开采范围与云冈石窟地上、地下保护区和建设控制地带范围存在不同程度的重叠，且A煤矿和C煤矿已涉嫌侵入云冈石窟地下保护区开采，威胁云冈石窟安全。

## 【检察机关履职过程】

初步调查。2023年12月，据专门负责云冈石窟保护、研究与管理工作的云冈研究院反映，A煤矿矿区开采范围与云冈石窟地下保护区范围存在重叠。在最高人民检察院指导下，山西省人民检察院统筹大同市、云冈区两级检察院，对云冈石窟保护情况、矿业权审批法规政策以及煤矿井下开采情况等开展了初步调查。

经查：A煤矿、B煤矿、C煤矿等三家煤矿矿业权在首次设立及延续、变更登记时，自然资源部门未依法征询文物行政部门意见，未对与文物保护区存在重叠的矿区范围等问题进行处置；A煤矿已进入云冈石窟地下保护区进行开采，且大同市规划和自然资源局未依规定就保护区范围内实施地下采掘监测。相关行政机关虽已要求煤矿采取退出重叠范围开采、设立安全围护带并留设保安煤柱等措施，但未能从根本上消除安全隐患。上述情形违反了文物保护法、矿产资源法、《云冈石窟保护条例》等法律法规规定，对云冈石窟造成严重损害风险。

*立案与磋商*。根据相关法律法规和“三定”方案规定，山西省自然资源厅负责矿产资源开采的监督管理，审批颁发煤矿采矿许可证。大同市人民政府负责本行政区域内的文物保护，领导云冈石窟保护工作。大同市规划和自然资源局负责云冈石窟保护范围内的地下采掘监测。大同市文物局负责云冈石窟及其附属文物保护的监督管理。考虑到案件涉及上述多家单位，且整改工作需要地方政府统筹协调形成合力，山西省人民检察院于2024年1月22日、1月25日分别对山西省自然资源厅、大同市人民政府立案。

2024年2月7日，山西省人民检察院与山西省自然资源厅进行磋商，并制发《磋商意见书》，确认该厅应立即核查煤矿井下开采情况，采取处置措施消除安全隐患。该厅随即印发通知要求加强云冈石窟保护区周边矿业权管控。结合山西省文物局提供的云冈石窟保护区范围矢量坐标，经省市两级自然资源部门比对确认，A煤矿、B煤矿、C煤矿矿区范围分别与云冈石窟地上、地下保护区及建设控制地带范围重叠0.021平方公里、1.396平方公里、0.497平方公里。A煤矿、C煤矿在

2018年前曾进入地下保护区开采，之后陆续退出并对采空区构筑永久密闭，但自然资源部门尚未对矿区开采范围规划作出调整，存在严重损害风险。

同年4月26日，山西省人民检察院与大同市人民政府进行磋商，并制发《磋商意见书》，确认大同市人民政府应当统筹有关部门协同履行云冈石窟保护职责及应予采取的相关措施，包括于5月底前完成云冈石窟保护范围内的地下采掘监测，并就历史采空区对云冈石窟造成的影响组织开展评估等。

**整改情况。**山西省自然资源厅按照与山西省人民检察院达成的磋商意见，将矿区内最深煤层涉及的最大范围作为规划调整的退出避让范围，合计扣减三家煤矿矿区面积1.8014平方公里，并重新颁发采矿许可证。整改后，除少量历史建成井筒、运输巷道确需继续保留外，矿区范围均退出云冈石窟地上、地下保护区和建设控制地带范围。该厅还联合山西省文物局出台文件加强全省国保单位保护范围矿业权管控，进一步完善矿产资源开发与文物保护机制。

大同市人民政府组织大同市规划和自然资源局、大同市文物局及云冈研究院就采空区对地表影响出具评估报告，核查确认云冈石窟保护区未发现地面塌陷、沉降及地裂缝等情况。大同市规划和自然资源局核查完成云冈石窟保护范围内的首次地下采掘监测，未发现云冈石窟禁采区尚有煤矿采掘活动，未发现云冈石窟附近已探测到的采空区存在异常变动情形，云冈石窟安全隐患得以基本控制。

2024年6月17日，山西省人民检察院邀请全国人大代表、全国政协委员及文物保护专家等作为听证员，围绕办案目的是否已实现举行听证。听证评议认为，山西省自然资源厅和大同市人民政府已依法全面履职，公益得到有效保护。山西省人民检察院参考听证意见终结案件。

## 【指导意义】

**（一）针对文物和文化遗产存在严重损害风险的情形，检察机关可**

**以依法开展公益诉讼。**文物是不可再生、不可替代的宝贵资源，一旦损毁难以修复。在文物和文化遗产保护领域，检察机关应当综合考量案涉公益的重要性、风险转化的可能性、损害结果发生的紧迫性、损害后果的严重性等，综合判定公共利益是否存在严重损害风险，有效发挥公益诉讼预防功能，将问题解决在萌芽状态。

**（二）办理行政公益诉讼案件应当充分发挥磋商的督促整改功能，及时有效保护公益。**磋商是行政公益诉讼的重要程序。对于行政机关积极配合的，检察机关可以通过磋商督促行政机关及时整改，在实现公益保护目的后及时终结案件，以节约司法资源，提升办案质效。

**（三）针对涉及多个行政机关职责的情形，应当从最直接最有效解决公益损害问题的角度，精准确定监督对象。**当公益损害问题涉及多个行政机关时，检察机关应当将与违法行为关联最紧密、对问题整改最有效的行政机关作为监督对象；单独监督某个行政机关难以实现公益保护目的的，可以同时监督负有监管职责的其他行政机关；分别监督同一层级多个行政部门难以形成合力、实现系统保护的，可以监督地方政府统筹履职，强化监督效果。

## 【相关规定】

《中华人民共和国文物保护法》（2017 年修正）第八条、第十七条（现为 2024 年修订后的第九条、第二十八条）

《中华人民共和国矿产资源法》（2009 年修正）第十一条、第二十条

《云冈石窟保护条例》（2018 年施行）第四条、第五条、第八条、第九条、第十条、第二十二条

《山西省实施〈中华人民共和国文物保护法〉办法》（2006 年施行）第十九条

《人民检察院公益诉讼办案规则》（2021 年施行）第十一条、第四

十四条、第六十七条、第七十条

办案检察院：山西省人民检察院　大同市人民检察院　大同市云冈区人民检察院

承办检察官：崔国红　杨慧侠　邓勇　尹晓丽　苑曙光等

案例撰稿人：杨慧侠　杨立韬

# 北京市东城区人民检察院、中国人民解放军北京军事检察院督促保护禄米仓行政公益诉讼案

（检例第231号）

## 【关键词】

行政公益诉讼　军队营区文物保护修缮义务　军地检察协作

## 【要旨】

针对军队营区不可移动文物受到严重损害或者存在严重损害风险的情形，军事检察机关应当依法督促军队文物主管部门履行文物保护职责，监督文物使用单位落实文物修缮、保养责任。确需地方行政机关指导帮助的，军事检察机关可以将线索移送地方检察机关，地方检察机关应当会同军事检察机关督促地方行政机关、军队文物主管部门依法履行文物保护监督管理职责。

## 【基本案情】

禄米仓系明、清两代储存京官俸米的粮仓，始建于明嘉靖四十年，距今已有460余年历史，是研究古代仓储制度和仓房建筑的宝贵实物资料，对研究中国运河史也具有重要价值，1984年被核定公布为北京市

市级文物保护单位。禄米仓现存 4 个仓廒，其中 3 个仓廒由某部队单位作为库房使用，因修缮不当、未得到妥善保养，历史风貌受到破坏，存在损毁危险。

## 【检察机关履职过程】

**线索发现**。2022 年 7 月，中国人民解放军北京军事检察院（以下简称北京军事检察院）对军队营区不可移动文物保护情况开展线索摸排，发现禄米仓受到损害的公益诉讼线索。根据中央军委有关部门、国家文物局关于加强军队营区不可移动文物保护工作有关规定，军队文物使用单位对不可移动文物承担修缮、保养责任，军事设施管理部门为军队文物主管部门。北京军事检察院督促该部队军事设施管理部门依法履行文物管理职责，监督禄米仓使用单位开展文物修缮保护工作。整改过程中，军事设施管理部门对文物受损情况进行综合评估认为，禄米仓修缮难度较高、修缮经费数额较大，禄米仓使用单位不具备文物修缮专业能力，因此向上级申请专项资金用于禄米仓修复。经协调，该部队从营房管理标准经费和项目经费中拨付部分禄米仓保护经费，但无法满足对禄米仓的有效保护。北京军事检察院综合研判认为，该部队无法独立完成文物保护修缮工作，需要地方给予指导帮助。根据文物保护法规定，地方各级人民政府负责本行政区域内的文物保护工作，军队营区不可移动文物应受到地方政府文物保护日常监管，北京军事检察院遂向北京市人民检察院移送线索。北京市人民检察院交由北京市东城区人民检察院（以下简称东城区检察院）办理。

**立案与调查**。东城区检察院接到案件线索后，与北京军事检察院共同开展禄米仓文物保护情况核实工作。根据文物保护法第八条的规定，北京市东城区文化和旅游局（以下简称东城区文旅局）对文物保护负有监督管理职责；根据《北京历史文化名城保护条例》关于“街道办事处、乡镇人民政府加强对本辖区的历史文化名城保护情况的巡查”

“进一步落实街道（乡镇）文物安全责任”等规定，北京市东城区人民政府建国门街道办事处（以下简称建国门街道办）负有文物安全保护及文物修缮管理责任。2022年9月5日，经北京市人民检察院批准，东城区检察院对东城区文旅局、建国门街道办分别立案。

立案后，检察机关依法实地勘查、调取禄米仓文物普查登记表等档案资料，进一步查明禄米仓受损情况：禄米仓部分仓廒被用于堆放杂物，屋面、屋顶多处建筑构件严重糟朽、风化，建筑本体存在损毁危险；因不当修缮导致墙体掩埋、门窗封堵，破坏了文物历史风貌。

**制发检察建议**。2022年10月8日，检察机关向东城区文旅局制发检察建议，建议其依法履行文物保护监督管理职责，指导帮助文物使用单位履行文物修缮义务，并加强文物活化利用；向建国门街道办制发检察建议，建议其依法履行文物安全保护责任，帮助文物使用单位开展文物修缮工作，消除文物安全隐患，加强文物日常巡查，进一步推动文物活化利用。

**整改情况**。东城区检察院、北京军事检察院组织东城区文旅局、建国门街道办、该部队军事设施管理部门、禄米仓使用单位召开“以法治化推动军队营区不可移动文物保护”工作会，共同商定禄米仓修缮保护事宜。该部队军事设施管理部门从营房管理经费中拨付日常管护经费，用于禄米仓的定期维护；禄米仓使用单位将其中2间仓廒进行腾退，交由地方政府规划管理。建国门街道办委托相关单位制定修缮方案，指导该部队对禄米仓开展修缮。东城区文旅局按照相关财政政策和现有经费渠道统筹安排部分文物修缮资金，指导完善文物修缮方案、开展修缮工程。2023年10月，修缮工程竣工。东城区文旅局、建国门街道办同步制定文物活化利用方案，在保留原有仓房建筑结构的同时，将其改造为禄米仓胡同博物馆对外开放，以“禄”“米”“仓”三要素展示北京地区运河史、漕运史、仓储史，实现文物有效利用。

在此基础上，东城区检察院与北京军事检察院、东城区文旅局共同签署《关于协同推进东城区军队营区不可移动文物保护工作协议书》，建立军队营区不可移动文物保护长效协作机制。

【指导意义】

在办理军队营区不可移动文物保护公益诉讼案件时，军事检察机关应依法督促军队文物主管部门监督文物使用单位落实文物修缮、保养责任，确需地方行政机关指导帮助的，可以向地方检察机关移送线索，并共同做好相关工作。军队营区不可移动文物是我国历史文化遗产的重要组成部分，应当依法予以保护。针对军队营区文物受到严重损害或存在严重损害风险的情形，军事检察机关应依法督促军队文物主管部门履行文物管理职责，监督协调文物使用单位落实文物修缮、保养责任。确需地方行政机关给予指导帮助的，军事检察机关可以根据《关于加强军地检察机关公益诉讼协作工作的意见》，将线索移送地方检察机关办理。地方检察机关应当会同军事检察机关督促地方行政机关、军队文物主管部门依法履行文物保护监督管理职责，共同实现对军队营区内文物的有效保护。同时，要注重推动文物活化利用，促进有效发挥文物的公共文化服务和社会教育功能。

【相关规定】

《中华人民共和国文物保护法》（2017 年修正）第八条第二款、第三款，第二十一条第一款、第二款，第二十六条（现为 2024 年修订后的第九条第二款、第三款，第三十二条第一款、第二款、第六款，第三十八条第二款）

《中华人民共和国行政诉讼法》（2017 年修正）第二十五条第四款

《中华人民共和国文物保护法实施条例》（2017 年修订）第十二条

《人民检察院公益诉讼办案规则》（2021 年施行）第十三条、第六十七条、第七十五条

《北京历史文化名城保护条例》（2021年施行）第五条第二款、第三款、第四款，第十四条

《北京市人民政府关于进一步加强文物工作的实施意见》（2017年施行）第三条第二款

办案检察院：北京市东城区人民检察院　中国人民解放军北京军事检察院

承办检察官：沈谦　陈迎节　李婷　吕富醍　周南

案例撰稿人：郑馨智　刘雨萌　原佳丽　吕富醍

# 张某方、李某香故意损毁文物案

（检例第232号）

## 【关键词】

故意损毁文物罪　涂写石刻　刑事公诉　附带民事公益诉讼

## 【要旨】

在全国重点文物保护单位、省级文物保护单位重要构成的文物上乱涂乱写，虽未造成单个文物的严重破损、毁坏，但是显著改变文物外观，影响文物保护单位整体历史风貌，破坏其历史、艺术、科学价值的，属于刑法规定的故意损毁文物行为。在依法追究行为人刑事责任的同时，检察机关可以提起附带民事公益诉讼，要求行为人承担民事责任。

## 【基本案情】

被告人张某方，男，1953年出生，农民，曾因利用迷信活动骗取他人财物被公安机关行政处罚。

被告人李某香，女，1968年出生，农民，曾因利用迷信活动骗取他人财物被公安机关行政处罚。

泰山是中国首个世界文化与自然双重遗产，为“五岳之首”，是中华民族的伟大象征，民族文化的缩影。泰山石刻涵括了整个中国的书法史，具有重要的历史文化价值，被誉为“中国书法艺术的博物馆”“天然的石刻艺术博物馆”。

张某方、李某香因迷信在名山上涂写文字可以改变运势，于2021年7月18日晨4时至7时，使用红色油性记号笔在泰山景区内“天下奇观”“孔子登临处”等石刻上大量涂写“开开天盘功、开开殿九龙”等字样。所涂字迹鲜明，在一定时间内难以彻底清除。造成破坏点37个，其中6个破坏点位于全国重点文物保护单位“泰山古建筑群”本体重要构成的石刻上、31个破坏点位于省级文物保护单位“泰山盘路古建筑群”本体重要构成的石刻上。张某方造成33个破坏点、李某香造成4个破坏点。经鉴定，涂写行为对“泰山古建筑群”“泰山盘路古建筑群”的本体造成了一定程度的损坏，对上述古建筑群的历史、艺术、科学价值造成一定程度的破坏。

## 【检察机关履职过程】

**审查起诉**。2022年初，山东省泰安市泰山区人民检察院（以下简称泰山区检察院）依法介入侦查，围绕犯罪动机、情节、后果等方面向泰安市公安局泰山景区分局提出收集证据的意见。同年11月2日，泰安市公安局泰山景区分局以张某方、李某香涉嫌故意损毁文物罪移送审查起诉。

泰山区检察院受理后，要求公安机关补充调取二人违法前科证据及作案监控视频；实地察看被涂写石刻现状，逐一比对原貌照片，全面掌握石刻损害情况；与司法鉴定人、专家学者座谈，了解涂写行为对泰山石刻的损害程度和修复难度。经上述工作并结合现有证据认为，在事实方面，二人故意乱涂乱写的行为，虽然没有损毁单个文物，但损害了全国重点文物保护单位“泰山古建筑群”的本体和省级文物保护单位“泰山盘路古建筑群”的本体，并破坏了其价值，具有严重社会危害性、刑事违法性，应当以故意损毁文物罪依法追究刑事责任。

同时，鉴于仅给予刑事处罚无法全面恢复受损公共利益，根据民法典、文物保护法等规定，泰山古建筑群作为重要人文遗迹，检察机关可以提起民事公益诉讼，要求行为人对文物损害承担赔偿责任。2022 年 11 月 11 日，泰山区检察院以民事公益诉讼立案，并委托相关鉴定机构进行评估，综合涂写字数、建筑类型、损毁等级、保护级别等要素，确定损害赔偿金额 7 万余元。

2023 年 4 月 6 日，泰山区检察院以张某方、李某香涉嫌故意损毁文物罪依法提起公诉，同时附带提起民事公益诉讼。

*指控和证明犯罪。*2023 年 4 月 21 日，泰安市泰山区人民法院依法公开审理本案。庭审中，公诉人指出二人曾因宣扬封建迷信受过行政处罚，此次从网络上看到“在名山石刻上写字让他人读出来能改变运势”，专程携带彩色记号笔等工具到泰山涂写石刻，被涂写石刻均为全国或省级重点保护文物，二人构成故意损毁文物罪。张某方、李某香当庭表示认罪悔罪、认可公益诉讼赔偿请求。

2023 年 5 月 8 日，泰山区人民法院采纳泰山区人民检察院的指控意见及量刑建议，以故意损毁文物罪判处张某方、李某香有期徒刑，并处罚金，支持检察机关所提公益诉讼请求。宣判后，二人未上诉，判决已生效。

*综合履职。*因泰山游客众多、石刻遍布，泰安市人民检察院与泰安市泰山风景名胜区管理委员会签署《关于建立泰山风景名胜区公益保护协作配合机制的意见》，合力保护、传承泰山历史文化遗产。

## 【指导意义】

*（一）在全国或者省级文物保护单位重要构成的文物上乱涂乱写，*

对文物保护单位的历史、艺术、科学价值造成破坏的，可以认定为故意损毁文物行为。对于此种行为，虽未造成单个文物的严重破损、毁坏，但是显著改变文物外观，影响文物保护单位整体历史风貌，破坏其历史、艺术、科学价值，可以认定为刑法第三百二十四条规定的故意“损毁”文物，依法追究行为人的刑事责任。

（二）对于损毁文物的犯罪行为，检察机关应当综合履行刑事、公益诉讼等检察职能，依法全面维护公共利益。景区石刻等文物作为人文遗迹，是公共利益的重要组成部分。检察机关办理损毁文物刑事案件过程中，应当在认定犯罪的基础上，同步推进民事责任的追究。基于文物的人文遗迹属性，可以通过鉴定机构专家鉴定、评估的方式，确定损害赔偿金额，提出公益诉讼赔偿请求，以增加行为人违法犯罪成本，有效保护公共利益。

## 【相关规定】

《中华人民共和国刑法》（2020 年修订）第三百二十四条

《中华人民共和国民法典》（2021 年施行）第一千二百二十九条

《中华人民共和国文物保护法》（2017 年修正）第二十三条（现为 2024 年修订后的第三十四条）

《中华人民共和国环境保护法》（2014 年修订）第二条、第六十四条

《最高人民法院、最高人民检察院关于办理妨害文物管理等刑事案件适用法律若干问题的解释》（2016 年施行）第三条

办案检察院：泰安市泰山区人民检察院

承办检察官：朱本杰　张娟

案例撰稿人：赵文涛　马骏　靳晓东　吕黛婷

# 最高人民检察院相关负责人就第五十七批指导性案例答记者问

2025年3月1日，新修订的文物保护法开始施行。为深入贯彻习近平法治思想和习近平文化思想，最高人民检察院在新修订的文物保护法施行首日，发布了以“文物和文化遗产保护”为主题的第五十七批指导性案例。这些案例有什么特点？指导意义体现在哪些方面？最高人民检察院公益诉讼检察厅相关负责人回答了记者提问。

**问：此次案例的发布背景是什么？**

**答：**一是以习近平同志为核心的党中央高度重视文物和文化遗产保护。文物和文化遗产承载着中华民族的基因和血脉，是不可再生、不可替代的中华优秀文明资源。以习近平同志为核心的党中央站在中华民族永续发展和中华文明永续传承的战略高度，把文化遗产保护传承摆在治国理政突出位置，多次作出重要指示批示，发表了一系列重要论述，强调要全面提升文物保护利用和文化遗产保护传承水平，为检察机关依法保护文物和文化遗产指明了方向，提供了根本遵循。

二是司法实践积累了有益经验。近年来，检察机关认真贯彻文物保护法等法律法规，依法惩治文物犯罪，加强文物和文化遗产保护领域公益诉讼检察工作，以法治之力守护中华文脉。2024年1月至12月，全国检察机关依法批准逮捕故意损毁文物、盗掘古墓葬、倒卖文物等妨害文物管理犯罪1069人，提起公诉1910人。特别是检察公益诉讼制度作为“习近平法治思想原创性成果和标识性概念之一”，在文物和文化遗产保护司法实践中展现了强大的制度优势和显著的治理效能。2019年1

月至2024年12月，全国检察机关依法办理文物和文化遗产保护领域公益诉讼案件2万余件，推动解决了一批文物保护利用中的突出问题。大量生动鲜活的司法案例，高度契合最高人民检察院党组“高质效办好每一个案件”的要求，对各地办案具有示范引领作用。

三是新修订的文物保护法自3月1日起施行。2024年11月8日，十四届全国人大常委会第十二次会议通过了新修订的文物保护法，为做好新时代文物工作提供了更加坚实的法治保障。新法增设了检察公益诉讼条款，既为检察机关履职提供了直接法律依据，同时也赋予检察机关在文物保护方面更重的责任。检察机关作为国家的法律监督机关，保障新法统一正确施行是分内之事，应尽之责，必须紧紧跟进。同时，司法实践尚有不少难题有待破解，需要具体的规范和案例指引，提升办案精准性和规范性。

**问：这批案例有哪些主要特点？**

**答：**此次发布的案例共有5件，主要具有以下特点。

一是聚焦了见证国家统一、民族团结的文物。此次发布案例所保护的文物，是我国统一多民族国家形成和发展的重要历史见证。如，宏觉寺在增进历代中央政府和藏传佛教联系方面发挥了重要桥梁纽带作用，1951年，十世班禅赴京参加和平解放西藏十七条协议签订仪式后，中共中央西北局主要负责同志在此为十世班禅首次进藏送行。云冈石窟是中外文化、中国少数民族文化和中原文化、佛教艺术与石刻艺术相融合的艺术宝库，蕴含各民族交往交流交融的历史内涵。

二是体现了文物类型、损害情形的多样性。此次发布的案例，从文物和文化遗产类型看，包括古文化遗址、古建筑、石窟寺、石刻，有的是世界文化遗产，有的是世界文化和自然双重遗产。从文物等级看，主要是全国重点文物保护单位和省级文物保护单位，文物价值重大。如，云冈石窟是首批全国重点文物保护单位和世界文化遗产。宏觉寺是青海省重点文物保护单位。从文物和文化遗产受损情形看，既有严重损害风险，也有文物本体毁坏、破坏历史风貌等严重损害情形。如，内蒙古自治区鄂尔多斯市检察机关督促保护秦直道遗址公益诉讼案，针对的是煤炭企业生产作业造成秦直道遗址本体部分区段全部毁坏的情形。北京市东城区检察院、北京军事检察院督促保护禄米仓行政公益诉讼案，针对的是未尽到修缮、保养义务，破坏文物历史风貌情形。

三是展现了系统保护、梯次监督的优势。此次发布的案例中，既有发挥刑事检察职能，依法惩治文物犯罪的案例，也有运用行政公益诉讼、民事公益诉讼手段，通过磋商、检察建议、提起诉讼等方式，梯次监督行政机关依法履职、追究违法主体民事责任的案例，不同方式之间协调互补、层层递进。如，内蒙古自治区达拉特旗检察院在办理故意损毁文物刑事案件中移送公益诉讼线索，鄂尔多斯市、县两级检察院据此分别向达拉特旗政府和旗文旅局提出检察建议，督促落实工程建设文物前置审查制度，全面履行对秦直道遗址的监管职责，同时针对受损公益无法全面恢复的情形，又提起民事公益诉讼，追究涉案企业损害赔偿责任。

四是形成了高效协同、齐抓共管的合力。此次发布的案例中，检察机关、审判机关、行政机关等多方参与，密切配合，凝聚了文物和文化遗产保护合力。从办案主体看，包括最高人民检察院、省、市、县四级检察院以及军事检察院。从行政机关看，不仅有文物行政部门，还有地方人民政府、街道办事处以及其他行政机关。如，山西省检察院督促保护云冈石窟行政公益诉讼案中，山西省自然资源厅和大同市人民政府有力履职，有效消除文物受损风险。针对禄米仓损害情形，北京市东城区检察院与北京军事检察院开展公益诉讼协作，推动文物使用人落实责任，协同东城区文旅局和建国门街道办事处依法保护文物。

**问：本批案例的指导意义主要体现在哪些方面？**

**答：**一是检察机关可以通过综合履职保护文物和文化遗产。针对严重损害文物的行为，检察机关可以依法统筹运用刑事、公益诉讼等检察职能，实现对文物的综合保护。如，张某方、李某香故意损毁文物案中，检察机关依法在对二被告人以涉嫌故意损毁文物罪提起公诉的同时，又依法提起附带民事公益诉讼，追究损害赔偿责任。

二是检察机关可以采取模拟修缮等方式认定受损文物价值。不可移动文物全部毁坏，目前暂无规范性标准认定受损文物价值，检察机关可以采取模拟修缮等方式量化受损文物价值。如，内蒙古自治区鄂尔多斯市检察机关保护秦直道遗址公益诉讼案中，因案涉秦直道遗址已全部毁坏，在损害价值计算尚无参考方法的情况下，检察机关探索参考《环境损害鉴定评估推荐方法（第Ⅱ版）》中的替代等值分析法进行评估，进而认定文物损害价值。

三是检察机关应当精准确定行政公益诉讼监督对象。当公益损害问题涉及多个行政机关时，检察机关应当将与违法行为关联最紧密、对问题整改最有效的行政机关作为监督对象。公益损害问题涉及多个行政部门，分别监督难以有效保护公益的，可以依法监督地方政府统筹履职。如，山西省检察院督促保护云冈石窟行政公益诉讼案中，因山西省自然资源厅负责矿产资源开采的监督管理、审批颁发煤矿采矿许可证，检察机关将其作为监督对象。同时，因案件还涉及大同市自然资源、文物行政等多家单位，整改工作需由大同市政府统筹协调，遂将大同市政府作为监督对象。

四是检察机关针对文物使用人不具备修缮能力的情形，可以建议属地政府履行文物保护职责。不可移动文物存在损毁危险情形的，检察机关应当督促文物行政部门依法全面履行文物保护监督管理职责，督促指导文物使用人落实保护职责；文物使用人不具备修缮能力的，可以建议属地政府依法给予帮助、开展修缮保护，并协同做好文物价值利用工作。如，青海省西宁市城中区检察院督促保护宏觉寺行政公益诉讼案中，因案涉企业已停止生产、财务状况较差，检察机关向城中区文旅局制发检察建议，推动该局向属地政府申请资金实施修缮保护。

五是检察机关应当发挥磋商督促整改功能高效保护公益。在行政公益诉讼案件办理中，对于行政机关积极配合的，检察机关可以通过磋商督促行政机关开展问题整改，节约司法资源，提升办案质效。如，山西省检察院督促保护云冈石窟行政公益诉讼案中，检察机关通过磋商，推动山西省自然资源厅立即管控云冈石窟保护区周边矿业权。

六是军地检察机关协作配合依法保护军队营区文物。军队营区不可移动文物是我国历史文化遗产的重要组成部分，应当依法予以保护。办案时，军事检察机关应督促军队文物主管部门监督文物使用单位落实文物修缮、保养责任，确需地方行政机关指导帮助的，可以向地方检察机关移送线索。如，北京市东城区检察院、北京军事检察院督促保护禄米仓行政公益诉讼案中，北京军事检察院督促军队单位落实文物修缮、保养责任，但仍无法实现对文物的有效保护，需要地方行政机关指导帮助，北京市东城区检察院会同北京军事检察院推动地方行政机关和军队单位全面修缮保护禄米仓。

**问：我们注意到，最高人民检察院此次发布的5件案例，都涉及公益诉讼检察履职，其中2件涉及刑事检察。请问，检察机关在文物和文化遗产保护中能够发挥什么独特作用？**

**答：**我国历史文化悠久，文物数量巨大，点多、线长、面广，执法难度相对较大，实现全面系统保护需要汇聚多方合力。检察机关作为法律监督机关，能够统筹运用刑事、公益诉讼等检察职能综合履职，实现对文物和文化遗产的全面保护。特别是检察公益诉讼作为督促之诉、协同之诉，能够发挥督促和协同的制度功能解决公益损害问题。检察机关通过行政公益诉讼手段，不仅可以督促文物行政部门，还可以督促其他负有文物保护职责的部门、地方政府统筹履职，有效解决跨部门、跨区域的职能交叉、协同不力等问题，并以“诉”的确认增强监督刚性，推动“老大难”问题整改。针对穷尽行政手段仍无法有效保护文物和文化遗产的情形，检察机关可以通过提起民事公益诉讼，追究违法行为人的民事责任，有效恢复受损公益。此外，检察机关在办案中，通过公开听证、借助专家外脑、组建“益心为公”志愿者队伍等方式，能够拓宽社会公众参与文物和文化遗产保护的渠道，为各方献计出力搭建平台，形成公益保护合力。

**问：本次案例发布的主题是文物和文化遗产保护，我们注意到2019年以来检察机关在文物和文化遗产保护公益诉讼方面开展了一系列工作，有哪些经验和亮点可以具体介绍一下？**

**答：**党的十九届四中全会明确提出拓展公益诉讼案件范围。2019年以来，检察机关根据《中共中央关于加强新时代检察机关法律监督工作的意见》和全国人大同意开展文物和文化遗产保护公益诉讼的工作安排、23个省级人大及其常委会的专项决定或决议，通过履行法律赋予的检察公益诉讼职能，积极稳妥办理文物保护公益诉讼案件。一是聚焦文物和文化遗产保护重点类型，多形式多领域开展专项保护活动。最高人民检察院部署开展了长城保护公益行动，截至2024年底，各级检察机关围绕长城部分点段本体和历史风貌严重破坏、修缮保养不规范等问题，累计办理长城保护公益诉讼案件1264件。沿黄9省检察机关强化黄河文化保护，北京、上海、天津等地开展了历史文化街区保护，广东、福建等地部署开展涉侨文物保护检察公益诉讼监督活动等。二是加强与行政机关交流协作，形成公益保护合力。最高人民检察院强化与住建部、国家文物局等部门沟通协作，共同开展调研活动，最高人民检察院与住建部联合出台《关于在检察公益诉讼中加强协作配合依法做好城乡历史文化保护传承工作的意见》，共同举办文物和文化遗产保护领域培训班。三是强化案例发布和宣传，发挥司法引领作用。在文化和自然遗产日发布文物和文化遗产保护典型案例，联合国家文物局发布长城保护检察公益诉讼典型案例等。

**问：下一步，检察机关在贯彻落实新修订的文物保护法，助力文物和文化遗产保护工作方面有哪些计划考虑？**

**答：**新修订的文物保护法为检察公益诉讼履职提供了明确的法律依据，也提出了更高要求。检察机关将深入贯彻落实新修订的文物保护法，持续加大文物和文化遗产保护领域办案力度。在制度规范方面，鉴于新修订的文物保护法对检察公益诉讼条款仅作了较为原则的规定，最高人民检察院将在总结司法实践的基础上，研究制定文物保护领域公益诉讼办案指引，为各地办理相关领域案件提供更具操作性的参考。在重点工作方面，最高人民检察院今年部署开展“大运河沿线历史文化名城、名镇、名村保护”公益诉讼监督活动，重点针对拆真建假、保护不力等问题开展监督。同时，指导各级检察机关结合地方特色，因地制宜开展石窟寺、传统村落、革命文物、非物质文化遗产保护等专项监督活动。在办案质效方面，检察机关将在办案中把维护公共利益和“可诉性”贯穿立案、调查、磋商、检察建议、提起诉讼等各环节，以可诉性提升精准性和规范性，进一步提高办案质量。在协作配合方面，加强与相关行政机关的沟通协调，进一步深化与住建部联合出台的关于做好城乡历史文化保护传承的意见，与国家文物局研究出台加强协作配合意见。

“凡益之道，与时偕行”。检察机关将深入学习贯彻党的二十届三中全会关于推动文化遗产系统保护和统一监管重大部署，高质效履行检察职责，为推动文化繁荣、建设文化强国、建设中华民族现代文明做出新贡献！

（来源：最高人民检察院网站）

最高人民法院　最高人民检察院

# 关于印发《行政公益诉讼典型案例（第二批）》的通知

（2024年12月26日）

**各省、自治区、直辖市高级人民法院、人民检察院，新疆维吾尔自治区高级人民法院生产建设兵团分院、新疆生产建设兵团人民检察院：**

为深入贯彻落实党的二十大和二十届二中、三中全会精神，不断完善公益诉讼制度，指导各级人民法院、人民检察院切实提升办理行政公益诉讼案件的精准性、规范性，推动行政公益诉讼工作高质量发展，最高人民法院、最高人民检察院共同选编了7件行政公益诉讼典型案例，现印发你们，供参考。

## 行政公益诉讼典型案例（第二批）

### 案例1　湖北省麻城市人民检察院诉麻城市住房和城乡建设局不履行燃气工程安全监管职责公益诉讼案

**【关键词】**

行政公益诉讼　安全生产　燃气工程　判令履职　法检联合建议

【基本案情】

2019年6月，湖北省某置业公司与麻城市某天然气公司签订天然气用户安装协议，委托该天然气公司建设某小区房屋的天然气安装工程。同年9月，建设单位在未取得施工许可、未办理质量监督手续的情形下即开工建设；2020年10月，该工程未依法组织竣工验收、未经行政主管部门备案即交付使用并点火通气。麻城市人民检察院认为，麻城市住房和城乡建设局（以下称麻城市住建局）对上述未经报批擅自开工建设、未经竣工验收备案即交付使用的违法行为存在怠于履行监管职责情形，损害了国家利益和社会公共利益。

【检察监督】

湖北省麻城市人民检察院对麻城市住建局立案调查，于2023年6月向该局发出检察建议，建议其依法履行职责，对上述违法行为依法查处。该局逾期未回复履职情况。麻城市人民检察院跟进调查发现，上述违法行为未得到依法处理，燃气工程依然存在安全隐患，遂以麻城市住建局为被告，于同年10月向麻城市人民法院提起行政公益诉讼，请求判令该局对上述违法行为依法履行监管职责。

【法院裁判】

湖北省麻城市人民法院审理认为，麻城市住建局对辖区内燃气工程建设负有监管职责，但未对上述违法行为依法采取责令改正、重新组织验收及罚款等监管措施，存在重大安全隐患，遂公开当庭判令麻城市住建局对上述违法行为采取有效措施履行监管职责。该局表示服判息诉。鉴于涉案违法现象具有普遍性，麻城市人民法院会同麻城市人民检察院向麻城市住建局发出联合建议并抄送麻城市委、市政府。麻城市委、市政府高度重视，责成麻城市住建局成立整治专班并印发《关于加强燃气工程设施建设管理的通知》，对全市31个已建成小区和6个在建小区的燃气管网运行情况及燃气工程报建审批、质量安全、施工资质开展专项整治，对易导致重特大事故的老旧管道带病运行、高中压管道被占压等突出问题进行排查治理。

**【典型意义】**

燃气工程质量安全涉及千家万户，事关人民群众生命财产安全。燃气工程未经审批即开工建设、未经竣工验收备案即投入使用，存在重大安全隐患。本案中，检察机关运用检察建议实现监督关口前移，在检察建议未获书面回复的情形下持续跟进监督，并依法提起行政公益诉讼。人民法院依法审理后采用公开当庭宣判的做法，不仅增强了司法透明度、提升了司法公信力，而且为燃气工程建设监管领域突出问题作出了示范裁判，实现了“审理一案、教育一片”的良好效果。同时，法检两院在系统梳理燃气工程建设领域监管漏洞的基础上制发联合建议书，助推建立了燃气工程质量监管长效机制，充分发挥了两院建议推动行政机关依法行政、切实维护燃气工程领域公共利益的应有作用。

## 案例2　河南省濮阳县人民检察院诉濮阳县农业农村局不履行牲畜屠宰检疫监管职责公益诉讼案

**【关键词】**

行政公益诉讼　食品安全　牲畜屠宰检疫　履职判决

**【基本案情】**

2017年6月，河南省濮阳县获国家发改委批复，被列入国家首批畜牧养殖大县种养结合整县推进试点县名单，但辖区内未全面落实牛羊等牲畜屠宰检疫制度，普遍存在牛羊等牲畜未经检疫直接屠宰、销售的情形，存在食品安全风险隐患。河南省濮阳县人民检察院认为，濮阳县农业农村局对牛羊等牲畜产地检疫、牲畜屠宰怠于行使监管职责，损害了国家利益和社会公共利益。

**【检察监督】**

河南省濮阳县人民检察院对濮阳县农业农村局立案调查，于 2023 年 5 月向该局发出检察建议，建议其加强对辖区牲畜屠宰行业的监管，全面落实牛羊等牲畜屠宰检疫制度。该局于同年 7 月回复称，已经建立健全长效工作机制，持续加强对牛羊等牲畜屠宰规范化的法治宣传。濮阳县人民检察院跟进监督发现，辖区内活羊产地检疫数量偏少，没有符合规定的牛羊屠宰场，屠宰检疫工作并未实际开展。为此，濮阳县人民检察院以濮阳县农业农村局为被告于 2023 年 10 月向濮阳县人民法院提起行政公益诉讼，请求判令濮阳县农业农村局依法履行监管职责。

**【法院裁判】**

河南省濮阳县人民法院审理期间，邀请县人大代表、政协委员、相关行政部门负责人旁听庭审。法院认为，濮阳县农业农村局系辖区内牛羊等牲畜检疫的主管部门，针对辖区内牛羊等牲畜未经检疫直接屠宰、销售等违法情形未充分履行法定职责，遂判决责令濮阳县农业农村局依法履行监管职责。判决生效后，该局积极向濮阳县人民政府申请牛羊屠宰场改造升级建设项目，投资 7800 万元建设 1 万吨冷库、牛羊屠宰线及其他辅助设施设备。同时，联合市场监管局、公安局等单位，制订《牛羊肉集中整治行动实施方案》，构建了全流程监管体系。

**【典型意义】**

牲畜屠宰检疫是确保肉食品安全的重要环节，有助于及时发现并隔离有传染病的动物，减少疾病通过肉类产品传播的风险，事关人民群众身体健康和社会公共健康安全。本案中，检察机关主动监督，通过发出检察建议、对检察建议开展跟进监督以及提起公益诉讼等方式，对行政机关未及时采取有效措施履行监管职责等情形进行监督。人民法院依法判决责令行政机关履行法定职责，压紧压实了职能部门的责任，推动行政机关采取有力措施落实监管职责，促进了濮阳县牲畜屠宰产业的健康发展。

## 案例3　湖南省株洲市芦淞区人民检察院诉株洲市科学技术局不履行国有财产监管职责公益诉讼案

### 【关键词】

行政公益诉讼　国有财产　履职判决

### 【基本案情】

湖南省株洲市某促进中心（以下称某中心）系株洲市科学技术局下属的全民所有制企业，其办公场地由株洲市科学技术局无偿提供。2019年12月，某中心与某科创公司签订租赁合同，将部分办公场地出租给该公司使用并收取租金260万元；合同到期后，某中心未与某科创公司续约亦未收取租金，但该公司继续使用涉案办公场地。湖南省株洲市人民检察院认为，株洲市科学技术局既未督促某中心将出租收益上缴国库，也未对该公司违法占用办公场地行为履行国有财产监管职责，损害了国家利益和社会公共利益。

### 【检察监督】

经株洲市人民检察院指定管辖，株洲市天元区人民检察院对株洲市科学技术局立案调查，于 2023 年 3 月向该局发出检察建议，建议该局针对某中心违规转租等行为履行监管职责。该局于 2023 年 5 月回复称，将结合实际情况专题研究，争取三个月内办结。天元区人民检察院跟进调查发现，株洲市财政局未收到株洲市科学技术局申报办公楼及门面出租相关事宜的材料，公共利益持续处于受侵害状态。天元区人民检察院遂将本案移送株洲市人民检察院审查起诉。株洲市人民检察院根据《人民检察院公益诉讼办案规则》的相关规定，将本案移送集中管辖行政公益诉讼的株洲市芦淞区人民检察院办理。株洲市芦淞区人民检察院以株洲市科学技术局为被告，于 2023 年 10 月向芦淞区人民法院提起行政公益诉讼，请求判令株洲市科学技术局依法履行监管职责。

**【法院裁判】**

湖南省株洲市芦淞区人民法院审理认为，某中心向某科创公司出租涉案办公场地过程中，株洲市科学技术局未依法向同级财政部门办理国有财产出租审批手续，未督促某中心将出租收益上缴国库，亦未督促某中心追回某科创公司应缴纳的租金，致使国有财产收益受损。检察机关发出检察建议后，株洲市科学技术局仍未采取有效措施依法履行监管职责，遂判决该局履行监管职责，清缴某中心已收取的国有财产出租收益，督促某中心追回应收未收出租收益并清缴。一审判决后，株洲市科学技术局不服，向株洲市中级人民法院提起上诉。株洲市中级人民法院审理期间，向该局进行释法析理，该局在认识到其违法行为的性质后申请撤回上诉，并督促某中心向财政部门清缴了出租收益。

**【典型意义】**

加强国有财产的管理和监督，不仅保障了国家的经济安全和资源有效利用，还促进了社会公平正义和公共服务的质量提升。国有财产被非法占用，直接导致国有财产流失，损害国家利益和社会公共利益。本案中，公房出租收益为经营性国有财产，主管部门应当依法履行监管职责，防止相关部门“不作为”导致国有财产流失。检察机关向怠于履行监管职责的行政机关发出检察建议、持续跟进监督并依法提起行政公益诉讼。人民法院依法判决行政机关履行法定监管职责后，行政机关依法提起上诉，充分保障了当事人的诉讼权利。二审法院继续加强与各方的沟通，督促行政机关加大工作力度及时清缴出租收益并申请撤回上诉，有效消除了国有财产流失的风险。

## 案例4　福建省福州市台江区人民检察院诉台江区文化体育和旅游局不履行文物保护监管职责公益诉讼案

**【关键词】**

行政公益诉讼　文物保护　人大代表政协委员监督

**【基本案情】**

福建省福州市上下杭历史文化街区为闽商发祥地，是海上丝绸之路的重要节点。横卧于上下杭历史文化街区三捷河上的星安桥，始建于清乾隆五十一年（公元1786年），为花岗石两墩三孔拱桥，于1992年11月被认定为福州市市级文物保护单位。同时，福州市素有“榕城”之称，叶茂如盖、垂阴满地的榕树与星安桥古朴气息浑然一体，展现着千年闽都的风华。2023年2月，福州市台江区人民检察院监督发现，星安桥双侧壁附生的榕树树根大面积侵入桥体，出现分水尖塌陷、桥面条石错位、拱券变形等安全隐患，由于“连拱效应”，存在全桥坍塌的风险。检察机关认为，台江区文化体育和旅游局（以下称台江区文旅局）存在怠于履行文物保护监管职责的情形，损害了国家利益和社会公共利益。

**【检察监督】**

福建省福州市台江区人民检察院对台江区文旅局立案调查，于2023年8月向该局发出检察建议，建议依法全面履行文物保护和安全监管职责。台江区人民检察院跟进监督发现，该局收到检察建议后的两个多月里，并未采取有效措施开展星安桥的修缮整改工作，全桥倒塌的风险进一步加大。台江区人民检察院遂以台江区文旅局为被告，于2023年11月向台江区人民法院提起行政公益诉讼，请求判令台江区文旅局依法全面履行星安桥文物保护和安全监管职责。

**【法院裁判】**

福建省福州市台江区人民法院审理期间，多次召开联席会议促使社会各界达成“以桥为主”的修缮共识，督促有关部门启动星安桥修缮工程，并邀请省、市人大代表和政协委员到现场视察，持续推进整改修缮工作。经过两个多月的修缮，侵入桥体的榕树均已移除，桥栏板及桥面条石按工序进行还原和修复，桥体修缮工程初步完成。2024年4月，台江区人民检察院向人民法院提交撤回起诉决定书。台江区人民法院审查认为，台江区文旅局已实际履行了行政职责，消除了台江区人民检察院提起诉讼时的公益侵害现象，公共利益依法得到有效维护，遂裁定准予撤诉。裁定生效后，星安桥修缮工程于2024年6月21日通过竣工验收。

**【典型意义】**

文物既是文明传承的纽带，又是地域或行业所蕴含文化的集中展现。文物保护行政机关应当恪尽监管职责，避免文物出现难以挽救的损毁。本案中，检察机关通过发出检察建议、持续跟进监督和依法提起行政公益诉讼等方式，积极推进文物修缮工作。人民法院在审理中，主动与各方沟通，通过召开座谈会、联席会等方式推进文物修缮工作，还通过邀请省、市人大代表和政协委员监督等方式，最终实现“桥树共保”的良好效果。同时，法检两院还协同推动当地政府制定出台《福州市市级及以上文物保护单位本体范围及周边环境绿化管理工作导则》，建立健全了文物保护的长效机制。

## 案例5　重庆市巴南区人民检察院诉巴南区城市管理局不履行无障碍设施监管职责公益诉讼案

### 【关键词】

行政公益诉讼　无障碍环境建设　残疾人权益保护　公开听证　确认违法判决

### 【基本案情】

2013年前后建成并投入使用的龙洲大道巴南皮草城段系重庆市巴南区城市主干道，周边有多个商业区、生活小区以及学校，是居民出行的重要通道。但附近商业体为了追求经济利益，擅自对该路段人行道进行改造，人为损毁盲道，并在人行道上违规设置约103个机动车停车位，严重影响行人尤其是盲人正常通行。巴南区人民检察院认为，巴南区城市管理局对经营主体擅自改建市政设施的行为怠于履行监管职责，损害了社会公共利益。

### 【检察监督】

巴南区人民检察院对巴南区城市管理局立案调查，于2023年5月向该局发出检察建议，建议履行对无障碍设施的监管职责，改善辖区残疾人群体的外部出行条件。2023年7月，该局书面回复已督促经营主体全部整改到位。但巴南区人民检察院跟进监督发现，整改铺设的盲道材质不符合标准且约一半已出现损坏脱落，部分机动车停车位仍未达到“与盲道保持 1 米以上安全距离”的要求。后虽经巴南区城市管理局重新铺设和修复，但仍有 34 个机动车停车位与盲道安全距离不足 1 米，其中 19 个距离盲道仅为 0. 08 米，不符合设置规范要求。巴南区人民检察院遂以该局为被告，于同年 9 月向巴南区人民法院提起行政公益诉讼，请求判决巴南区城市管理局依法履行监管职责。

**【法院裁判】**

巴南区人民法院审理期间，巴南区城市管理局对不符合设置规范要求的停车位进行重新施划或者取缔，巴南区人民检察院邀请人大代表、政协委员以及巴南区城市管理局召开听证会，一致认可整改效果。据此，巴南区人民检察院决定变更诉讼请求为确认违法。法院认为，巴南区城市管理局在诉讼期间已采取有效监管措施履行法定职责，遂判决支持了检察机关的诉讼请求。判决生效后，巴南区城市管理局对全区盲道管护情况开展大排查，共发现损毁盲道 170 余处并全部整改到位，还会同住建部门决定在巴南皮草城天桥处加装电梯，方便行人尤其是残疾人出行。

**【典型意义】**

无障碍设施是方便残疾人等特殊群体参与和融入社会生活的重要基础条件，是城市文明和人文关怀的体现。本案中，针对城市管理部门对破坏无障碍设施违法行为监管不力的情形，检察机关先后采取向城市管理部门发出检察建议、提起公益诉讼和邀请人大代表、政协委员听证等方式，督促行政机关依法全面履行监管职责；人民法院在案件审理中，查明行政机关在诉讼过程中已经履职到位的基础上，采用确认违法的裁判方式，起到了宣示效应；共同促使行政机关在全区范围内开展盲道管护情况大排查并采取了整改措施，有力推动了无障碍设施建设和保护工作。

## 案例6　安徽省安庆市宜秀区人民检察院诉安庆市宜秀区文化和旅游局不履行娱乐场所监管职责公益诉讼案

**【关键词】**

行政公益诉讼　未成年人权益　终结诉讼

**【基本案情】**

2023年2月1日，安徽省安庆市宜秀区人民检察院监督发现，宜秀区部分提供伴奏音乐、歌曲点播服务的酒吧，未在显著位置设置未成年人禁入或者限入标志，也未标明举报电话，存在违法接待未成年人等情形。检察机关认为，宜秀区文化和旅游局（以下称宜秀区文旅局）对辖区内酒吧违法接待未成年人的违法行为怠于履行监管职责，致使未成年人合法权益受到侵害。

**【检察监督】**

安徽省安庆市宜秀区人民检察院对宜秀区文旅局立案调查，于2023年2月向该局发出检察建议，建议其依法履行监管职责，加强对辖区内酒吧等娱乐场所接待未成年人消费等违法行为的监管。2023年3月，该局回复称已经进行了整改。2023年4月，宜秀区人民检察院联合公安机关对整改情况开展“回头看”，发现仍有多家提供伴奏音乐、歌曲点播服务的经营场所违规接待未成年人，禁止未成年人进入的标识较小且未标明举报电话。宜秀区人民检察院遂以宜秀区文旅局为被告，于2023年6月向宜秀区人民法院提起行政公益诉讼，请求判令宜秀区文旅局对辖区内提供歌舞娱乐服务的经营场所接待未成年人的违法行为依法履行监管职责。

【法院裁判】

安徽省安庆市宜秀区人民法院审理期间，积极开展与各方的沟通工作，督促宜秀区文旅局组织专班对辖区内酒吧进行排查，并责令设有娱乐场所、游艺场所等设施的酒吧限期报备审批，要求娱乐场所增设“未成年人禁止入内”、“禁止向未成年人售酒”“举报电话”等标识。经整改，部分酒吧改建为餐吧并更换营业执照，继续经营的酒吧均已在文旅局备案，并增设了相关标识。经公开听证、现场查看，在确认该局已经依法履行监管职责的情形下，法院裁定终结本案诉讼。同时，宜秀区人民法院向宜秀区文旅局发出司法建议，建议对辖区内酒吧禁止接待未成年人情况开展常态化监管，持续跟踪反馈，确保公益诉讼案件整改效果落到实处。

【典型意义】

未成年人保护工作事关家庭幸福、国家未来、民族希望。2024年修正的未成年人保护法，明确了各级政府应当建立未成年人保护工作衔接机制，细化政府及其有关部门的职责，对未成年人保护的责任主体等作出了明确规定。本案中，就行政机关针对辖区内酒吧等娱乐场所违法接待未成年人和未在显著位置设置未成年人禁入、限入标识等违法行为，行政机关监管不力的问题，检察机关通过发出检察建议、持续跟进监督和依法提起行政公益诉讼等方式，切实履行监督职责。人民法院在审理中，积极沟通督促行政机关依法及时履职，在行政机关已经采取有效措施履行监管职责的情形下，依法裁定终结诉讼。同时，人民法院还通过发送司法建议的方式，助推行政机关建立监管长效机制，充分保障未成年人的合法权益。

## 案例7　湖北省十堰市茅箭区人民检察院诉十堰市邮政管理局不履行公民个人信息保护监管职责公益诉讼案

### 【关键词】

行政公益诉讼　公民个人信息　快递面单去标识化处理

### 【基本案情】

快递业务管理系统和运单存储大量公民个人信息，极易被不法分子窃取、利用。湖北省十堰市茅箭区人民检察院专项监督发现，茅箭区多家快递企业的快递单均未对收寄人姓名、电话、住址等个人信息作去标识化处理，也未进行信息安全提醒，违反了相关法律规定，导致公民个人信息安全存在重大隐患，社会公共利益持续处于受损状态。检察机关认为，对于辖区内快递企业未按照国家规定对个人信息作去标识化处理的情形，十堰市邮政管理局怠于履行监管职责，损害了社会公共利益。

### 【检察监督】

经湖北省十堰市人民检察院指定管辖，十堰市茅箭区人民检察院对十堰市邮政管理局立案调查，于2023年6月向该局发出检察建议，建议其依法全面履行快递市场安全监管职责，对辖区内快递企业未按照国家规定对个人信息作去标识化处理的情形依法进行监管。该局于同年8月回复称，已通过约谈、责令改正等方式要求相关企业强化公民个人信息保护。茅箭区人民检察院收到回复后，实地查看发现部分快递企业仍未全面落实个人信息保护法的相关规定，个人信息泄露风险依然存在，遂以十堰市邮政管理局为被告，于同年9月向茅箭区人民法院提起行政公益诉讼，请求判令该局对辖区快递公司未按照国家规定对个人信息进行保护的情形依法履行监管职责。

**【法院裁判】**

湖北省十堰市茅箭区人民法院审理查明，十堰市邮政管理局虽对相关企业进行了检查约谈、督促整改，但对违反个人信息保护法的相关企业人员未依法及时查处，导致侵犯公民个人信息的违法行为持续发生，遂判决责令该局对辖区快递企业个人信息保护依法继续履行监管职责。判决生效后，十堰市邮政管理局对辖区内 24 家快递企业开展了专项整治活动，依法立案查处 8 起违法行为；并印发《关于在全市邮政快递领域深入推进隐私运单应用的通知》，在全市快递企业全面推进落实。2024 年 3 月，经检察机关实地走访，城区快递企业对寄出快递件采取了加密、去标识化等有效保护措施，消除了个人信息泄露的风险。

**【典型意义】**

个人信息保护不仅关乎每个人的切身利益，也是维护社会稳定、促进经济发展的重要环节。快递面单未依法对个人信息作隐藏处理，导致个人信息安全存在重大隐患。针对主管部门监管不力的情形，检察机关通过依法提出检察建议、跟进调查、提起诉讼等方式，发挥了有力的监督作用。人民法院在查明行政机关履职尚不到位的情形下，判决责令行政机关依法继续履行监管职责，压紧压实了行政机关的责任，推动行政机关对辖区内的快递企业开展专项整治，促成隐患消除；还进一步助推行政机关制定《关于在全市邮政快递领域深入推进隐私运单应用的通知》，形成行业监管的长效机制。

## 行政审判讲堂答疑

# 最高人民法院“行政审判讲堂”第六期答疑

**问题 1：复议机关作出行政复议调解书，复议申请人或者第三人未按调解内容履行，复议机关可否向人民法院申请强制执行？（提问人：湖南省高级人民法院行政审判第一庭谷国艳）**

**答疑意见：**要正确区分由复议机关依法强制执行和申请人民法院强制执行两种情形。目前，新修订的行政复议法第七十三条第一款增加了当事人经调解达成协议的，复议机关应当制作复议调解书的处理方式规定。明确了复议调解书经各方当事人签字或者签章，并加盖复议机关印章，即具有法律效力。该法第七十八条第三项进而规定，申请人、第三人逾期不起诉又不履行复议调解书的，由复议机关依法强制执行，或者申请人民法院强制执行。这是有关复议调解强制执行方式的专门规定。

第一类情形为复议机关依法强制执行。其前提是复议机关拥有法定行政强制执行权，主要指如果法律规定行政机关在具体情形下可以依法实施强制执行，同时这个行政机关又依法履行复议职责（如海关、税务等），那么其作为复议机关，也具有相应的行政强制执行权。相关争议是，如何看待法律明确规定作出原行政行为的行政机关（复议被申请人）有法定行政强制执行权而未规定复议机关相应权力，如何执行复议调解书？考虑到复议机关作出维持复议决定时可由被申请人依法强制执行、复议期间不停止执行等规定，若复议调解书一律由复议机关申请法院强制执行，容易增加公共成本。如何推进相关执行，需作进一步研究。

第二类情形为复议机关申请人民法院强制执行。涉及复议申请人、复议被申请人、第三人和复议机关、人民法院等多个主体，因目前缺乏针对复议调解书如何强制执行的具体程序性规定，宜参照现行法律有关行政机关申请人民法院强制执行行政行为的规定操作。对此，行政强制法第五章“申请人民法院强制执行”和《最高人民法院关于适用〈中华人民共和国行政诉讼法〉的解释》（以下简称《行诉法解释》）第十二节“执行”规定可作为主要程序参考。总之，复议调解书的各方当事人有积极履行的义务。如果复议申请人、第三人违反相关义务，复议机关应当在法定期限内主动强制执行或者申请人民法院强制执行；如果复议申请人违反相关义务，复议机关应当按照行政复议法第八十三条的规定作出处理。

**问题 2：行政机关对违法行为立案多年后严重超过法定期限作出行政处罚决定，相对人起诉到人民法院后，人民法院对行政处罚决定的合法性及效力如何评价？（提问人：广东省深圳市中级人民法院行政审判庭王惠奕）**

**答疑意见：**行政处罚是行政机关代表国家惩处违法行为，追究行政违法行为当事人行政责任的一种重要方式，其功能作用是维护行政管理秩序，实现行政管理目的。行政处罚法第三十六条第一款规定：“违法行为在二年内未被发现的，不再给予行政处罚；涉及公民生命健康安全、金融安全且有危害后果的，上述期限延长至五年。法律另有规定的除外。”治安管理处罚法第二十二条第一款规定：“违反治安管理行为在六个月内没有被公安机关发现的，不再处罚。”行政机关对相对人的违法行为立案后，应当依法及时作出行政处罚决定，让社会秩序尽快归于稳定，此为法之安定性的要求。行政处罚法第六十条规定：“行政机关应当自行政处罚案件立案之日起九十日内作出行政处罚决定。法律、法规、规章另有规定的，从其规定。”治安管理处罚法第九十九条第一款规定：“公安机关办理治安案件的期限，自受理之日起不得超过三十日；案情重大、复杂的，经上一级公安机关批准，可以延长三十日。”该条第二款规定：“为了查明案情进行鉴定的期间，不计入办理治安案件的期限。”

行政处罚的处理期限是行政程序法规制的重要内容之一，无正当理由超出法定期限作出行政处罚，即构成程序违法。在行政处罚超出法定期间的计算上，应该自受理之日或者立案之日起至处罚决定作出之日止，扣除应当扣除的期限（如管辖权异议、专业检测、检验和鉴定、公告期限等）后得出的实际处理期限，进而判断是否超期和超期的严重程度。

对于超出法定期限作出行政处罚决定的合法性及效力问题，法律未作明确规定。行政诉讼法第七十四条第一款第二项规定，行政行为程序轻微违法，但对原告权利不产生实际影响的，人民法院判决确认违法，但不撤销行政行为。《行诉法解释》第九十六条第一项规定，处理期限轻微违法，且对原告依法享有的听证、陈述、申辩等重要程序性权利不产生实质损害的，属于行政诉讼法第七十四条第一款第二项规定的“程序轻微违法”。

超期并非肯定或者否定行政处罚效力的唯一考量因素，最终的判断和选择同样也是基于法的安定性价值和行政法治的价值权衡。实践中要结合超过处理期限的时间长短，违法行为的性质、情节、社会危害程度，超过处理期限的原因与责任，是否存在第三人，是否影响公共利益与他人合法权益，相对人是否存在通过欺骗、贿赂等不正当手段逃避行政处罚或者不配合行政机关调查取证等因素进行综合判断。人民法院可以视情并结合原告的诉讼请求，对于相对人主张的超期处罚不能成立的，依法判决驳回诉讼请求；行政处罚轻微超期、一般超期，稳定的社会秩序尚未形成的，宜判决确认行政处罚违法而保留其效力；对于行政处罚严重超期，因处罚时稳定的社会秩序已经形成，其不再属于程序轻微违法或者一般违法情形，宜判决撤销行政处罚；行政处罚虽然存在严重超期，依法应予撤销，但撤销会给国家利益、社会公共利益造成重大损害的，则不得判决撤销。对于审判过程中发现的行政机关怠于行使职权而导致的超期处罚，人民法院可将违法违纪线索依法向有关部门移送。

**问题 3：用人单位在职工发生伤亡事故前始终正常缴纳工伤保险费，但发生伤亡事故当月因缴费期限未届满尚未缴纳当月工伤保险费或者因单位未及时缴纳而事后缴纳的，能否享受工伤保险待遇？（提问人：内蒙古自治区高级人民法院行政审判庭王保保）**

**答疑意见：**首先，根据《工伤保险条例》第十四条第一项规定精神，职工在工作时间和工作场所内，因工作原因受到事故伤害的，应当认定为工伤。原则上不因用人单位缴费原因而阻却其被认定为工伤。我国所实行的工伤保险制度，其目的在于保障工伤职工的救治权与经济补偿权，促进工伤预防与职业康复，分散用人单位的用工风险。

其次，用人单位应当依法依规缴纳工伤保险费用，否则有法定义务直接支付工伤保险待遇。《工伤保险条例》第十条第一款明确规定，“用人单位应当按时缴纳工伤保险费。职工个人不缴纳工伤保险费。”社会保险法第四十一条规定的“用人单位未依法缴纳工伤保险费”的情形，包括用人单位未为职工参加工伤保险，自始未缴纳工伤保险费和用人单位为职工参加了工伤保险后未按时足额缴纳工伤保险费两种情形。《社会保险费征缴暂行条例》第十条第一款规定：“缴费单位必须按月向社会保险经办机构申报应缴纳的社会保险费数额，经社会保险经办机构核定后，在规定的期限内缴纳社会保险费。”《工伤保险条例》第六十二条规定：“用人单位依照本条例规定应当参加工伤保险而未参加的，由社会保险行政部门责令限期参加，补缴应当缴纳的工伤保险费，并自欠缴之日起，按日加收万分之五的滞纳金；逾期仍不缴纳的，处欠缴数额1倍以上3倍以下的罚款。依照本条例规定应当参加工伤保险而未参加工伤保险的用人单位职工发生工伤的，由该用人单位按照本条例规定的工伤保险待遇项目和标准支付费用。”因此，原则上只有用人单位按照所在地主管部门明确规定的法定缴费期限足额缴纳工伤保险费，才能由工伤保险基金支付相应的工伤保险待遇。对于用人单位自始不缴纳工伤保险费或者征缴部门催缴后仍不缴费等恶意欠缴的行为，由用人单位支付工伤保险待遇。

司法实践中，用人单位应当对其非故意不缴纳工伤保险费承担相应的举证责任，提供合理有说服力的证据，人民法院应当结合用人单位是否存在主观故意、欠缴工伤保险费的期限等因素进行严格审查，以维护职工的合法权益和工伤保险基金的安全。

**问题4：建筑企业对所承包的建设项目按项目参保后未及时更新申报用工名单，发生工伤的劳动者不在建筑企业申报的用工名单内，但劳动者确实是在该建筑项目参保时段内、参保的建筑工地上发生了工伤，能否请求社会保险基金支付工伤保险待遇？（提问人：山东省高级人民法院行政审判庭温贵能）**

**答疑意见：**根据《人力资源和社会保障部、住房和城乡建设部、国家安全生产监督管理总局、中华全国总工会关于进一步做好建筑业工伤保险工作的意见》（人社部〔2014〕103号）第一条的规定，建筑施工企业应当依法参加工伤保险。针对建筑行业的特点，建筑施工企业对相对固定的职工，应当按用人单位参加工伤保险；对不能按用人单位参保、建筑项目使用的建筑业职工特别是农民工，按项目参加工伤保险。该意见第五条规定，建筑施工企业应当依法与其职工签订劳动合同，加强施工现场劳务用工管理。施工总承包单位应当在工程项目施工期内督促专业承包单位、劳务分包单位建立职工花名册、考勤记录、工资发放表等台账，对项目施工期内全部施工人员实行动态实名制管理。施工人员发生工伤后，以劳动合同为基础确认劳动关系。对未签订劳动合同的，由人力资源和社会保障部门参照工资支付凭证或者记录、工作证、招工登记表、考勤记录及其他劳动者证言等证据，确认事实劳动关系。相关方面应当积极提供有关证据；按规定应当由用人单位负举证责任而用人单位不提供的，应当承担不利后果。

据此，原则上社会保险基金支付工伤保险待遇应当以花名册为准；建筑企业主张不在花名册的职工伤亡确系因工作时间、工作地点、工作原因造成的，应当承担举证责任；建筑企业不能举证的，工伤保险待遇应当由建筑企业支付。建筑企业对项目施工期内全部施工人员未实行动态实名制管理的，也应当承担相应的责任。

总之，职工花名册之外的劳动者发生工伤后能否请求社会保险基金支付工伤保险待遇的问题，应当考虑职工花名册之外的劳动者是否符合项目参保时间、范围，是否实际参与了参保项目的施工，是否可以依据上述规定确定劳动关系或者事实劳动关系等因素，结合具体案件的证据、事实等实际情况，依法予以处理。

**问题 5：集体土地承包经营权人将土地出租给他人种植苗木，在苗木的所有权人已经与征收单位通过签订协议方式解决了苗木补偿费用的情况下，土地承包经营权人是否有权对行政机关强制清除地上物的行为提起诉讼？（提问人：江西省景德镇市中级人民法院行政审判庭程丽君）**

**答疑意见：**判断土地承包权人是否有权起诉的法定标准之一，系行政机关强制清除地上物的行为是否对其权利义务产生实际影响。一方面，行政诉讼法第二条第一款规定，公民、法人或者其他组织认为行政机关和行政机关工作人员的行政行为侵犯其合法权益，有权依照本法向人民法院提起诉讼。另一方面，《行诉法解释》第六十九条第一款第八项将“行政行为对其合法权益明显不产生实际影响的”规定为该款所列举的“有下列情形之一，已经立案的，应当裁定驳回起诉”的情形之一。土地承包经营权人基于承包合同持有承包经营权证，享有集体土地合法物权；同时，其作为出租人又与土地承租人之间形成租赁法律关系。针对行政机关强制清除地上物的行为提起诉讼，相关诉权的考量要综合审查起诉人的原告主体资格、起诉时机、起诉主张的权利类型和诉讼请求等要素，其中最为核心的标准系对其合法权益是否明显产生实际影响，这种实际影响一定程度上也可以解读为是否具有“利害关系”。

如果土地承包经营权人对苗木具有合法权益且受到强制清除地上物影响的，有权依法提起诉讼；如果土地承包经营权人对苗木不具有合法权益，仅是对后续的行政机关占用土地行为不服，且强制清除地上物行为和占用土地行为属于两个可分的不同行政行为时，人民法院应当释明，要求起诉人变更诉讼请求，引导其针对可能存在违法占用土地的行为起诉，起诉人拒绝变更的，人民法院可以裁定驳回起诉。此外，除承租人种植的地上苗木外，有证据显示土地承包经营权人已经足额获得了其作为集体经济组织成员的承包权益和其他合法权益的补偿，且已实际交付土地，其又针对上述行政行为提起诉讼，亦可视为“对其合法权益明显不产生实际影响”，人民法院不予支持。

## 新类型疑难案例选评

# 江某平申请执行监督案

莫文静* 牟妮卡**

### 【裁判要旨】

债务人与连带责任保证人共同为被执行人的执行案件中，债务人自己提供了物保，虽然未办理抵押登记，但如果该物无其他权利负担，首先以债务人未办理抵押登记的物变价清偿债务；不足部分，申请执行人可以选择由债务人履行债务或者连带责任保证人承担连带保证责任。债务人与债权人签订的《借款合同》中约定以债务人所有的房屋设定抵押，但未办理抵押登记。在执行中，应当认定《借款合同》关于以房屋作为借款担保的意思表示明确，只是因未办理抵押登记申请执行人（债权人）对房屋不享有抵押权。而法律关于不动产担保物权的设定必须履行登记手续的规定，系为贯彻公示原则以保护善意第三人的利益和交易安全，对公示原则的违反尚不构成为法律秩序和法律基本价值所不容的行为。因此，未履行登记手续的抵押合同，其法律效力并非确定无效，在抵押人与抵押权人之间已经形成抵押合同法律关系，即双方具有

* 新疆维吾尔自治区高级人民法院审判员。
** 中国人民解放军军事检察院检察员。

债法上的权利义务关系。在本案中，约定作为抵押的房屋不存在买受人等其他权利主体，无须在申请执行人依据抵押合同所享有债法上的权利与其他权利（比如房屋买受人的权利）之间作出选择。在此种情形下，认定被执行人（债务人）以自有之物为其借款提供物保，既不违反申请执行人与被执行人设定抵押的意思表示，也不损害第三人的合法权益。因此，案涉借款应当首先以债务人名下的房屋清偿债务；清偿不足部分，申请执行人可以选择由债务人履行债务或者连带责任保证人承担连带保证责任。

执行款尚不足以清偿生效法律文书确定债务（本金、利息、违约金）的，不适用并还原则，清偿顺序应当按照一般民事债权的清偿顺序，即依据民法典第五百六十一条（《最高人民法院关于适用〈中华人民共和国合同法〉若干问题的解释（二）》第二十一条）之规定，依次按照实现债权的有关费用、利息、主债务的顺序进行抵充。关于违约金的清偿顺序，法律和司法解释没有明确规定。考虑到违约金是根据法律规定或者合同约定而发生，当一方当事人违约时，应当向对方当事人支付一定数额的金钱，具有补偿与惩罚的双重性质。违约金既非实现债权的费用，亦非利息，属于生效法律文书确定的金钱债务，因此，违约金应在费用、利息、主债务清偿完毕后清偿。

## 【基本案情】

申诉人（申请执行人）：江某平。

被执行人：胡某阳。

被执行人：罗某。

被执行人：刘某竹。

江某平与胡某阳、罗某、刘某竹民间借贷纠纷一案，经新疆维吾尔自治区库尔勒市人民法院（以下简称库尔勒市法院）一审和新疆维吾尔自治区巴音郭楞蒙古自治州中级人民法院（以下简称巴州中院）二审，判令：一、胡某阳、罗某偿还江某平借款 10 万元、支付利息 3. 5 万元、违约金 3 万元，共计 16. 5 万元；二、刘某竹对借款本金 10 万元承担连带清偿责任。二审案件受理费 3600 元由胡某阳承担。

上述判决查明，江某平与胡某阳签订的《借款合同》时，胡某阳以其名下位于库尔勒市某房产（以下简称案涉房产）作为归还借款本息的担保，但该房产未办理抵押登记手续。

判决生效后，江某平申请强制执行，库尔勒市法院评估、拍卖该房产，拍卖价 14 万元。除去拍卖前该房产欠费 1726. 81 元、拍卖佣金 7000 元、公告及资料费 350 元，拍卖机构实际支付库尔勒市法院拍卖款 130923. 19 元。执行过程中，江某平支付评估费 5000 元、房租 1533. 75 元、执行费 2484 元。

库尔勒市法院依据江某平申请作出查封连带责任保证人刘某竹名下房产的执行裁定。刘某竹提出执行异议。库尔勒市法院作出执行异议裁定，撤销查封裁定。江某平不服，向巴州中院提出复议，巴州中院（2011）巴执监字第 18 号认为："库尔勒市法院在执行中，将胡某阳、罗某住房一套拍卖后得款 130923. 19 元，而本案执行标的为 165000 元，尚欠约 34076. 81 元，但对已执行的和尚欠款现无法确定是本金还是利息。依据《最高人民法院关于在执行工作中如何计算迟延履行期间的债务利息等问题的批复》第二条的规定，执行款不足以偿付全部债务的，应当根据并还原则按比例清偿法律文书确定的金钱债务与迟延履行期间的债务利息，但当事人在执行和解中对清偿顺序另有约定的除外。依据本条规定，作为本案被执行人刘某竹对本金 10 万元承担连带清偿责任，该 10 万元本金在全部案件标的 16. 5 万元中占 60. 6%，该案尚欠未执行标的额 34076. 81 元，刘某竹应对其中 20650. 5 元承担连带清偿责任。江某平的复议请求部分予以支持。"

2011 年 6 月 30 日，刘某竹向库尔勒市法院支付案款 20650 元。库尔勒市法院解除对刘某竹名下房产的查封。

江某平不服巴州中院（2011）巴执监字第18号执行裁定，向新疆维吾尔自治区高级人民法院（以下简称新疆高院）申请执行监督，新疆高院于2012年11月8日作出（2012）新执二监字第20号驳回通知书，驳回江某平的申诉。江某平向最高人民法院申诉，最高人民法院向新疆高院发函，要求对申诉人江某平的申请请求立案审查，并依法作出裁定。

**【申诉意见】**

江某平申诉请求：要求执行刘某竹本金10万元及延期利息，要求执行胡某阳、罗某诉讼费、利息、违约金合计72260元及延期利息。事实及理由：根据担保法[①]第十八条规定："当事人在保证合同中约定保证人与债务人对债务承担连带责任的，为连带责任保证。连带责任保证的债务人在主合同规定的债务履行期届满没有履行债务的，债权人可以要求债务人履行债务，也可以要求保证人在其保证范围内承担保证责任。"（2011）巴执监字第18号执行裁定适用《最高人民法院关于在执行工作中如何计算迟延履行期间的债务利息等问题的批复》第二条规定的并还原则是错误的，本案解决的是担保法范畴的保证人与被保证人清偿责任问题，应按照《最高人民法院关于适用〈中华人民共和国合同法〉若干问题的解释（二）》第二十一条规定的顺序清偿。

**【裁判结果】**

2020年12月26日新疆高院作出（2020）新执监116号执行裁定，裁定驳回江某平的申诉请求。

① 已于2020年废止。——编者注

［评析］

## 未办理抵押登记情况下的执行顺位问题

法院生效裁定认为，本案审查问题一是巴州中院（2011）巴执监字第 18 号执行裁定依据《最高人民法院关于在执行工作中如何计算迟延履行期间的债务利息等问题的批复》第二条确定胡某阳房屋拍卖所得价款的清偿顺序是否正确。(2009) 巴民一终字第 494 号民事判决胡某阳、罗某偿还江某平借款本金 10 万元、支付利息 3.5 万元、违约金 3 万元，合计 16.5 万元。《最高人民法院关于在执行工作中如何计算迟延履行期间的债务利息等问题的批复》第二条规定："执行款不足以偿付全部债务的，应当根据并还原则按比例清偿法律文书确定的金钱债务与迟延履行期间的债务利息，但当事人在执行和解中对清偿顺序另有约定的除外。"该条款适用的前提是执行款数额不足以清偿生效裁判确定的金钱债务及迟延履行金钱债务期间的利息时，根据并还原则按比例清偿。本案生效法律文书确定的金钱债务包括借款本金、利息及违约金，全部金钱债务为 16.5 万元，而胡某阳房屋拍卖款仅为 130923.19 元，尚不足以清偿生效法律文书确定的全部金钱债务，江某平与胡某阳、罗某、刘某竹未约定已付款项的抵充顺序，故应按照民法一般债权抵充顺序进行支付，而不适用并还原则，应当依据《最高人民法院关于适用〈中华人民共和国合同法〉若干问题的解释（二）》第二十一条"债务人除主债务之外还应当支付利息和费用，当其给付不足以清偿全部债务时，并且当事人没有约定的，人民法院应当按照下列顺序抵充：（一）实现债权的有关费用；（二）利息；（三）主债务"之规定确定清偿顺序。

本案审查问题二是刘某竹的连带清偿责任是否履行完毕。江某平与胡某阳签订借款合同时，胡某阳以其名下案涉房产作为归还借款本息的担保，该房产拍卖所得价款 130923.19 元不足以清偿全部债务，根据上述法律规定，清偿顺序为：实现债权的有关费用、利息、主债务。(1) 实现债权的有关费用，是指在债务人违约时，债权人为实现债权支出的合理且必要的费用，本案江某平实现债权的费用包括：案件受理费及保全费7260元、评估费5000元、房租1533.75元、执行费2484元，合计16277.75元。(2) 利息：本案生效法律文书确定的利息3.5万元。(3) 主债务：胡某阳房屋拍卖款清偿实现债权的费用、利息之后，清偿本金79645.44元（130923.19元-实现债权的费用16277.75元-利息3.5万元），生效法律文书确定的主债务为10万元，故尚欠本金20354.56元（10万元-79645.44元）。刘某竹已支付江某平20650元，该数额高于胡某阳未能清偿本金20354.56元，故生效法律文书判决刘某竹对借款本金10万元承担连带清偿责任已履行完毕。关于生效法律文书确定胡某阳、罗某应支付违约金30000元是否应当在本金10万元之前抵充的问题。从我国民事实体法关于违约金的规定看，违约金是根据法律规定或者合同约定，当一方当事人违约时，应当向对方当事人支付一定数额的金钱，具有补偿与惩罚的双重性质，其既非实现债权的费用，亦非利息，而属于生效法律文书确定的金钱债务，故不应在借款本金10万元之前抵充。

本案审查问题三是江某平要求刘某竹偿还本金10万元及延期利息，要求执行胡某阳、罗某诉讼费、利息、违约金、延期利息有无事实及法律依据。江某平依据担保法第十八条“当事人在保证合同中约定保证人与债务人对债务承担连带责任的，为连带责任保证。连带责任保证的债务人在主合同规定的债务履行期届满没有履行债务的，债权人可以要求债务人履行债务，也可以要求保证人在其保证范围内承担保证责任”之规定，要求保证人刘某竹承担借款本金10万元，不要求债务人胡某阳、罗某对借款本金10万元承担还款责任。对此，新疆高院认为，案涉《借款合同》中约定由胡某阳名下的房屋为借款提供保证，实际上是设定抵押的意思表示。综观《借款合同》，当事人对案涉借款约定了两种担保方式：一是胡某阳以其名下的房屋作为抵押；二是刘某竹提供连带责任保证。对于第一种担保方式房屋抵押而言，《借款合同》关于以房屋作为借款担保的意思表示明确，只是因未办理抵押登记江某平对房屋不享有抵押权。而法律关于不动产担保物权的设定必须履行登记手续的规定，系为贯彻公示原则以保护善意第三人的利益和交易安全，对公示原则的违反尚不构成为法律秩序和法律基本价值所不容的行为。因此，未履行登记手续的抵押合同，其法律效力并非确定无效，在抵押人与抵押权人之间已经形成抵押合同法律关系，即双方具有债法上的权利义务关系。特别是在本案中，约定作为抵押的房屋不存在买受人等其他权利主体，无须在江某平依据抵押合同所享有债法上的权利与其他权利（比如房屋买受人的权利）之间作出选择。在此种情形下，认定在胡某阳以自有之物为其借款提供物保，既不违反江某平与胡某阳设定抵押的意思表示，也不损害第三人的合法权益。因此，参照物权法①第一百七十六条关于“被担保的债权既有物的担保又有人的担保的，债务人不履行到期债务或者发生当事人约定的实现担保物权的情形，债权人应当按照约定实现债权；没有约定或者约定不明确，债务人自己提供物的担保的，债权人应当先就该物的担保实现债权；第三人提供物的担保的，债权人可以就物的担保实现债权，也可以要求保证人承担保证责任。提供担保的第三人承担担保责任后，有权向债务人追偿”的规定，案涉借款应当首先以胡某阳名下的房屋清偿债务；清偿不足部分，江某平可以选择由胡某阳履行债务或者刘某竹承担连带保证责任。在债务人胡某阳、罗某所有房屋的拍卖款可偿还借款本金 10 万元的情形下，江某平免除要求债务人胡某阳、罗某偿还借款本金 10 万元的责任，仅要求连带保证人刘某竹承担保证责任，既于法无据，也有违《借款合同》约定。综上所述，新疆高院对江某平仅要求刘某竹承担偿还借款本金 10 万元、胡某阳不承担借款本金清偿责任的主张不予采纳。

---

① 已于 2020 年废止。——编者注

# 最新法律文件解读丛书

## 稿　约

最新法律文件解读丛书是一套以为最新法律规范提供同步"解读"为主的系列丛书，分为刑事、民事、商事、行政与执行4个分册，按月出版。

本丛书以"解读"为重点，突出全、专、新、快、准等特点，通过对最新出台的法律、法规、司法解释、部门规章以及重要地方性法规进行同步动态解读，弥补了法律、法规、司法解释汇编类出版物没有同步阐释、解读内容的不足，为广大读者学习理解最新法律规范，正确贯彻执行法律文件，及时解决实践中的新情况、新问题，提供一个全方位、多层面的法律信息平台。

欢迎您向以下栏目赐稿：

**【最新法律文件解读】**主要是对最新颁行的法律文件进行解读，帮助司法和执法人员正确理解法律文件的立法背景、意义、重点内容、在适用中应注意的问题、与相关法律文件的衔接与互动关系等。

**【司法实务问题研究】**主要刊登对司法理论、实务及司法管理工作中的热点、疑难问题进行研究及评论的文章。

**【新类型疑难案例选评】**主要是对司法和行政执法实践中具有典型性和代表性的疑难案例，结合具体案情以及审理或处理结果进行简练精辟的点评，解析认识问题的方法、处理问题的法律依据和在个案中的具体适用。

**【法学前沿与新视点】**以摘要的形式刊登相关法学理论研究的最新动态及具有代表性和典型性的前沿问题，扩展法学研究的深度和广度。

**【法律适用问题解答】**主要针对司法和行政执法实践中面临的新问题、热点问题、疑难问题进行简要的解答，指出涉及的法律关系，明确法律适用依据。

稿件一经刊用即付稿酬，稿酬从优。


《刑事法律文件解读》　周　敏　邮箱：xingshijiedu@163.com

《民事法律文件解读》　杨　洁　邮箱：1216921515@qq.com

《商事法律文件解读》　路建华　邮箱：shangshijiedu@126.com

《行政与执行法律文件解读》　丁塞峨　邮箱：1290312696@qq.com


**人民法院出版社**

**最新法律文件解读丛书编辑部**

# 人民法院出版社 2025 年连续出版物

**中国审判指导丛书**

1.《刑事审判参考》

最高人民法院刑事审判第一庭、第二庭、第三庭、第四庭、第五庭共同主办。全年6辑,每辑68.00元,共408.00元。

2.《民事审判指导与参考》

最高人民法院民事审判第一庭编。全年4辑,每辑68.00元,共272.00元。

3.《商事审判指导》

最高人民法院民事审判第二庭编。全年2辑,每辑68.00元,共136.00元。

4.《立案工作指导》

最高人民法院立案庭编。全年2辑,每辑68.00元,共136.00元。

5.《审判监督指导》

最高人民法院审判监督庭编。全年2辑,每辑68.00元,共136.00元。

6.《知识产权审判指导》

最高人民法院民事审判第三庭编。全年2辑,每辑68.00元,共136.00元。

7.《涉外商事海事审判指导》

最高人民法院民事审判第四庭编。全年2辑,每辑68.00元,共136.00元。

8.《中国少年司法》

最高人民法院少年法庭指导小组编。全年4辑,每辑68.00元,共272.00元。

9.《执行工作指导》

最高人民法院执行局编。全年4辑,每辑68.00元,共272.00元。

10.《国家赔偿与司法救助办案指导》

最高人民法院赔偿委员会办公室编。全年2辑,每辑68.00元,共136.00元。

**最新法律文件解读丛书**

《刑事法律文件解读》《民事法律文件解读》《商事法律文件解读》《行政与执行法律文件解读》

人民法院出版社编。全年12辑,每辑28.00元,共336.00元。

**判解研究系列**

1.《判解研究》

中国人民大学民商事法律科学研究中心主办,著名民法学家王利明教授主编,CSSCI来源集刊。全年4辑,每辑68.00元,共272.00元。

2.《刑事法判解》

北京大学法治与发展研究院刑事法治研究中心主办,著名刑法学家陈兴良教授主编,车浩教授任执行主编。全年2辑,每辑68.00元,共136.00元。

3.《刑事法判解研究》

北京师范大学刑事法律科学研究院编。全年2辑,每辑68.00元,共136.00元。

**司法从业人员案头必备权威工具书**

1.《司法文件选》

最高人民法院研究室编。全年12辑,每辑定价8.00元,共96.00元。

2.《司法文件选解读》

最高人民法院研究室编。全年12辑,每辑定价10.00元,共120.00元。

3.《司法文件选(2023年合订本)》

最高人民法院研究室编。本书定价82.00元。

4.《司法文件选解读(2023年精选集)》

最高人民法院研究室编。本书定价86.00元。

银行汇款方式:

开户银行:工行北京国家文化与金融合作示范区金街支行

账号:0200000709004606170

开户名称:人民法院出版社有限公司

传真:010-67550541

上述图书,邮购请加15%邮费。

邮局汇款方式:

邮编:100745

地址:北京市东城区东交民巷27号

联系人:人民法院出版社有限公司

咨询电话:010-67550595　67550536